KURZSTRECKENLESER

Texte . Medien

Herbert Somplatzki

Sprung ins Kreuz

Schroedel

Texte • Medien

»Sprung ins Kreuz«
von Herbert Somplatzki

Copyright © 2009 Schroedel Verlag, Braunschweig

Herausgegeben von Ingrid Hintz

Aufgabenanregungen und Anhang erarbeitet von Dieter Hintz

ISBN 978-3-507-47072-9

© 2009 Bildungshaus Schulbuchverlage
Westermann Schroedel Diesterweg Schöningh Winklers GmbH, Braunschweig
www.schroedel.de

Das Werk und seine Teile sind urheberrechtlich geschützt. Jede Nutzung in anderen als den gesetzlich zugelassenen Fällen bedarf der vorherigen schriftlichen Einwilligung des Verlages. Hinweis zu §52 a UrhG: Weder das Werk noch seine Teile dürfen ohne eine solche Einwilligung gescannt und in ein Netzwerk eingestellt werden. Dies gilt auch für Intranets von Schulen und sonstigen Bildungseinrichtungen.
Auf verschiedenen Seiten dieses Buches befinden sich Verweise (Links) auf Internet-Adressen. Haftungshinweis: Trotz sorgfältiger inhaltlicher Kontrolle wird die Haftung für die Inhalte der externen Seiten ausgeschlossen. Für den Inhalt dieser externen Seiten sind ausschließlich deren Betreiber verantwortlich. Sollten Sie bei dem angegebenen Inhalt des Anbieters dieser Seite auf kostenpflichtige, illegale oder anstößige Inhalte treffen, so bedauern wir das ausdrücklich und bitten Sie, uns umgehend per E-Mail davon in Kenntnis zu setzen, damit beim Nachdruck der Verweis gelöscht wird.

Druck A¹ / Jahr 2009

Alle Drucke der Serie A sind im Unterricht parallel verwendbar.

Redaktion: Barbara Holzwarth, München
Herstellung: Andreas Losse
Illustrationen (Umschlag und Innenteil): Sabine Lochmann, Frankfurt/M.
Umschlaggestaltung und Layout: JanssenKahlert Design, Hannover
Satz: DTP Heimservice Gundolf Porr, Germersheim
Druck: pva, Landau

INHALT

Kapitel 1 5
Kapitel 2 28
Kapitel 3 43
Kapitel 4 59
Kapitel 5 71
Kapitel 6 78
Kapitel 7 83
Kapitel 8 88
Kapitel 9 101
Kapitel 10 108

Zum Weiterarbeiten 117
Kleines Rätsel zum Buch 118

Anhang

Querschnittlähmung 122
Jaap ter Haar: Behalt das Leben lieb 124

Aufgabenlösungen 127
Textquellen 128

Bevor du dieses Buch liest ...

Wenn man Sport treiben und laufen will, kann man Langstrecken oder Kurzstrecken laufen. Etwas Ähnliches gibt es auch beim Lesen: Es gibt besonders dicke Bücher zum Langstreckenlesen und es gibt Bücher zum *Kurzstreckenlesen* – zum Beispiel dieses spannende Buch.

Es handelt von Bernd und seinen Freunden Frank und Mesut. Die drei gehen in dieselbe Klasse und freuen sich an einem heißen Sommertag auf das Schwimmbad. Aber dann passiert etwas, was das Leben von Bernd grundlegend verändert. Kann Vera, die gern tanzt, ihm helfen?

Manchmal ist es sinnvoll, beim Lesen auch Nachdenkpausen zu machen. An vielen Stellen dieses Buches findest du Anregungen dazu. Deine Gedanken kannst du direkt im Buch oder auf Zusatzblättern aufschreiben, vielleicht auch in einem Lesetagebuch.

Viel Freude beim Lesen des Buches!

1

*Sportlehrer Maigrün springt in der Turnhalle
über den Kasten – und Bernd, Frank und
Mesut machen im Schwimmbad das Walfisch-
Spiel.*

„Und fall nicht wieder wie ein Lachsack
vom Kasten!", rief der Sportlehrer durch die
Turnhalle.
„Jawohl, Herr Maigrün!", schrie Frank und
spurtete los, als wollte er einen Schulrekord
im Sprinten aufstellen.
Am Sprungbrett war er so schnell geworden,
dass er den Absprung nicht mehr schaffte.
Mit voller Geschwindigkeit donnerte er gegen
den Kasten.
Der Kastendeckel fiel polternd zu Boden.
„Alle Neune!", riefen die Jungen und
klatschten Beifall.
Bernd und Mesut, die Hilfestellung gaben,
waren noch rechtzeitig zur Seite gesprungen.
„Nix passiert", sagte Frank und ging lässig
wieder zum Start, „und übrigens, ein Indianer
kennt keinen Schmerz!"
„Das kann ja sein", rief Bernd und setzte mit
Mesut wieder das gepolsterte Oberteil auf den

Kasten, „aber ich seh hier keine Indianer! Lass den Quatsch und lauf lieber vernünftig an!"
„Und nächstes Mal setzt du den Kastendeckel selber drauf", ergänzte Mesut, „sonst zeigen wir dir, wie ein Indianer das macht!"
„Schon gut, schon gut", rief Frank und wandte sich an den Sportlehrer:
„Soll ich denn wieder so langsam wie immer anlaufen, Herr Maigrün?"
„Mensch, Frank", sagte der Sportlehrer, „in Mathe kapierst du doch auch alles viel schneller!"
„Mathe macht aber auch Spaß, Herr Maigrün", meinte Frank und stellte sich zum Anlauf zurecht.
„Ganz locker anlaufen, Frank", sagte der Sportlehrer, „du musst am Sprungbrett nur den richtigen Punkt treffen, dann klappt die Hocke fast von allein!"
„Und den Rest machen wir!", rief Bernd vom Kasten her.
„Die Hocke sollte Frank schon selber machen", meinte Herr Maigrün, „ihr müsst nicht unbedingt den Baukran spielen, sondern nur einfach Hilfestellung geben!"
„Klar, Herr Maigrün", rief Mesut vom Kasten her, „keinen Baukran!"

Frank lief los.
Er lief in einem gemütlichen Tempo und sprang auch von der richtigen Stelle des Sprungbretts ab.
Als er dann aber über dem Kasten war, musste er wohl wieder irgendetwas falsch gemacht haben; denn für einen Augenblick sah es aus, als könnte er sich nicht entscheiden, ob er nun vor oder hinter dem Kasten landen sollte.
Doch Bernd und Mesut nahmen ihm die Entscheidung ab: Sie zogen ihn.
Frank hing einen Augenblick wie ein nasser Sack zwischen den Jungen.
Dann plumpste er auf die Matte.
„Zehn Punkte!", riefen ein paar aus der Klasse, und Herr Maigrün schien etwas ärgerlich zu werden.
„Bernd und Mesut, geht mal zur Seite", rief der Sportlehrer nun, „und du, Frank, pass jetzt genau auf!"
Sportlehrer Maigrün stellte sich zum Anlauf bereit.
„Und merk dir endlich, dass der beste Sprung nichts wert ist", rief er, „wenn die Landung nichts taugt!"
Dann lief er los. Mit lockeren Schritten näherte er sich dem Sprungbrett, federte gut

ab, flog einen Augenblick lang durch die Luft, fasste dann mit beiden Händen auf den Kastendeckel, zog die Beine zur Hocke an die Brust und schob sie gekonnt auf die andere Seite.

Schon landete er auf der Matte, strauchelte und knickte nach rechts um.

Sein Gesicht verzerrte sich.

Und Sportlehrer Maigrün schleppte sich von der Matte.

„Kastenspringen einstellen", sagte er mit zusammengebissenen Zähnen, bevor er humpelnd im Umkleideraum verschwand.

Inzwischen hatten sich die Jungen von ihrer Überraschung erholt.

Schon machte Micha, der gern den Klassenclown spielte, eine Humpelpantomime quer durch die Turnhalle.

„Der beste Sprung ist nix wert", rief er dabei, „wenn die Landung nix taugt!"

Ein paar Jungen klatschten und riefen: „Zugabe! Zugabe!"

Die Stimmung in der Turnhalle stieg an.

Dabei mochten sie Herrn Maigrün eigentlich gern; na ja, wie man eben einen Menschen, der Lehrer ist, so mag.

Ein Lehrer, das sagte Frank öfter mal, sei

schon von Berufs wegen der natürliche Feind
eines jeden anständigen Schülers.
Doch Herrn Maigrün fanden sie ganz
ordentlich, besonders die Jungen, die Sport
5 oder Mathe auch gut fanden.
„Was ist denn hier los?", rief plötzlich eine
Frauenstimme.
In der Tür des Umkleideraumes für Mädchen
stand Frau Birkenstock.
10 Sie hatte von draußen den Lärm gehört und
wollte sehen, was in der Turnhalle los war.
Die Jungen wurden ruhig, nur Micha war so in
seine Pantomime vertieft, dass er ganz
jämmerlich weiterhumpelte.
15 Als Frau Birkenstock ihn dann so plötzlich
„Geht's dir nicht gut?" fragte, hörte er nach
der Schrecksekunde sofort mit dem Humpeln
auf und rannte zu den anderen.
„Der Maigrün, 'tschuldigung, Herr Maigrün",
20 sagte Frank, „der hat sich vorhin wohl den Fuß
abgebrochen oder so ..."
„Nicht ganz abgebrochen", widersprach
Mesut, „er war ja noch ziemlich dran!"
Bernd deutete zur Jungenumkleide:
25 „Herr Maigrün ist jetzt da drin."
Frau Birkenstock öffnete die Tür des
Umkleideraumes einen Spaltbreit und rief:

„Manfred?"
Man hörte das Wasser einer Dusche rauschen
und die Stimme von Herrn Maigrün:
„Ich komme schon!"
Dann dauerte es nicht mehr lange, und er kam
in die Turnhalle zurückgehumpelt.
Sein rechter Fuß war dick geschwollen und
den Schuh trug er in der Hand.
Der Sportlehrer hatte seinen Knöchel zwar
sofort mit kaltem Wasser gekühlt, aber das
Fußgelenk war inzwischen mächtig
angeschwollen.
„Das sieht ja schlimm aus, Manfred", sagte
Frau Birkenstock, „du musst sofort zum Arzt,
röntgen lassen! Ich fahr dich hin."
Frau Birkenstock unterrichtete auch Sport an
dieser Schule; Sport und Musik.
„Matten und Kasten wegräumen", sagte Herr
Maigrün mit zusammengebissenen Zähnen,
„Schluss für heute!"
So schnell hatten die Jungen wohl noch nie die
Geräte weggeräumt.
Schon stürmten sie aus der Turnhalle.
Super, dachte Bernd, als er auf den Schulhof
hinauslief, alles klar bei diesem Wetter!
Ein wolkenloser Junihimmel wartete.
Bernd rannte sofort zum Fahrradständer.

Nix wie weg, dachte er, bevor denen noch
einfällt, die Sportstunde weiterzumachen!
Vor Aufregung hätte er beinahe den Schlüssel
abgebrochen.
5 Dabei hatte er nichts gegen Sport.
Im Gegenteil, er war einer der besten Sportler
in seiner Klasse, ganz sicher aber der
vielseitigste.
Ob es Fußball war oder Leichtathletik,
10 Geräteturnen oder Schwimmen – Bernd war in
jeder Sportart gut.

Fülle die Lücken richtig aus:

Bernds Freunde heißen _____ *und* _____ .

Herr _____ *unterrichtet die Fächer*

_____ *und* _____ .

Frau _____ *unterrichtet*

_____ *und* _____ .

Erkläre: Was ist eine Pantomime (Seite 8 und 9)?

_____

_____

Zum Nachdenken

Frau Birkenstock hatte einmal zu Bernd
gesagt, er sei sehr bewegungsbegabt, und ihn
dann gefragt, ob er nicht Lust zum Tanzen
habe.
5 Sie war vor einem Jahr an die Schule
gekommen und hatte gleich eine
„Arbeitsgemeinschaft Tanz" gegründet.
Allerdings gab es in dieser Tanzgruppe bisher
nur Mädchen.
10 Bernd hatte auf Frau Birkenstocks Frage nur
den Kopf geschüttelt.
Das sei doch wohl nur was für Mädchen.
Und ehe die Sportlehrerin etwas erwidern
konnte, war er eilig fortgegangen.
15 Und außerdem: Bei diesem idealen
Badewetter war ihm das Schwimmbad mit
Abstand am liebsten, so wie heute.
Schon kurvte er im Slalom um die Nachzügler
aus der Turnhalle über den Schulhof auf das
20 Tor zu.
Am Tor zum Schulhof musste Bernd vom
Fahrrad absteigen, weil das Gedränge dort zu
groß war.
Hinter sich hörte er die Stimme von Frank.
25 „Da hat es aber einer verdammt eilig", rief
Frank. „He, Bernd, siehst ja aus, als wärst du
vor mir auf der Flucht!"

Bernd schob sein Fahrrad so schnell es eben
ging durch das Gedränge am Tor.
„Vor dir muss man ja Angst haben", rief
Bernd zurück, „du hast doch den dicken Fuß
vom Maigrün auf dem Gewissen!"
„Klar, hab ich", rief Frank, „aber bei diesem
Wetter ist das immer besser als ne Eins Plus
im Kastensprung!"
„Ein Indianer kennt keinen Schmerz!", hörte
Bernd nun auch Mesuts Stimme – und da
spurtete er los.
Schon nach wenigen Metern bog er in den
Parkweg ein.
Er wollte heute der Erste im Schwimmbad sein
und nutzte jede Abkürzung, um seinen
Vorsprung zu halten.
Frank und Mesut waren zwar seine Freunde,
doch: „Ab und zu ein Härtetest, der macht die
beste Freundschaft fest!", wie Frank
behauptete.
Und nun trat Bernd kräftig in die Pedale,
gleich um die Ecke der Gymnastikhalle.
Wenn ich Glück habe, dachte er, dann bin ich
in knapp einer Viertelstunde am Schwimmbad.

Da fiel ihm wieder Frau Birkenstock ein.
Er hatte damals, ein paar Tage nachdem sie

ihn gefragt hatte, ob er nicht zur Tanzgruppe kommen wolle, aus der Gymnastikhalle im Vorbeigehen Musik gehört.

Neugierig hatte er sich in den Umkleideraum für Jungen geschlichen und durch einen Türspalt in die Halle gesehen.

Es waren so ungefähr ein Dutzend Mädchen, alle etwa in seinem Alter, die da durch die Gymnastikhalle wirbelten – und Frau Birkenstock mittendrin.

Die Birkenstock ist doch mindestens schon so alt wie meine Mutter!, dachte Bernd erstaunt, als er die Sportlehrerin so zwischen den Mädchen tanzen sah.

Das Zuschauen machte ihm Spaß, und er fand die Musik so fetzig, dass er gleich begann, im Takt mitzuwippen.

Und wenn nicht ausgerechnet jetzt das Pausenzeichen ertönt wäre, hätte er wahrscheinlich noch viel länger zugeschaut.

Nach diesem heimlichen Zusehen hatte Bernd gedacht: Wenn ich doch nur nicht der einzige Junge wäre!

Und er hatte überlegt, ob er nicht Frank zum Mitmachen überreden könnte.

Doch als er am nächsten Tag wie zufällig das Gespräch aufs Tanzen brachte, hatte ihn sein

Freund angesehen, als sei er ein Auto mit
Flügeln und Schwimmflossen, das auch noch
Trampolin springen konnte!
Daraufhin hatte Bernd so getan, als habe er
nur einen Witz gemacht – und von da an nie
mehr über das Thema gesprochen, obwohl es
ihn immer mehr zu interessieren begann.

Bernd hatte jetzt den Park durchquert.
Nun musste er über die breite Straße, um auf
dem Radweg zum Stadion zu kommen.
Wenn jetzt die Ampel grün ist, dachte er, dann
bin ich fein raus!
Am Überweg stand die Ampel tatsächlich auf
Grün, na wenigstens so haarscharf.
Auf dem Fahrradweg sah er sich um.
Frank und Mesut standen bei Rot vor der
Ampel und zappelten.
Bernd grinste und legte einen Gang höher ein.

Es war vorgestern gewesen.
Er hatte eine freie Stunde gehabt und war
wieder in den Umkleideraum für Jungen
geschlichen.
Gerade wollte er vorsichtig die Tür zur
Gymnastikhalle einen Spaltbreit aufmachen,
als er Schritte hörte.

Jemand kam den Korridor entlang.
Das muss Hausmeister Kampmann sein!,
durchzuckte es Bernd.
Die Schritte kamen näher.
Schon waren sie fast an der Tür zum
Umkleideraum.
Bernd hatte die Tür nur angelehnt.
Er geriet fast in Panik: Wenn mich der
Kampmann hier im Dunkeln antrifft, mein
Gott, was der wohl denkt – und was dann in
der Klasse los sein wird!
Bernd wäre am liebsten im Boden versunken
oder hätte sich, wenn das möglich gewesen
wäre, sogar freiwillig in Luft aufgelöst!
Jetzt waren die Schritte schon direkt vor der
Tür.
Bernd hielt den Atem an und sein Herz schlug
so laut, dass er meinte, man müsste es bis auf
den Gang dröhnen hören!
Die Schritte wurden langsamer und blieben
vor der Tür stehen.
Die Klinke wurde bewegt und Bernd hörte
Kampmanns brummige Stimme: „In diesem
Saftladen macht doch keiner die Türen zu!"
Dann wurde die Tür zugedrückt und
Kampmann schlurfte weiter.
Das war aber haarscharf!, dachte Bernd und

ärgerte sich nachträglich darüber, dass er vorhin die Tür nicht richtig zugemacht hatte. Gerade als er sich vornahm, sie beim nächsten Mal richtig zu schließen, kam Kampmann
5 zurück.
Bernd wusste nicht mehr genau, was er tat. Alles ging rasend schnell.
Dann machte er etwas ganz und gar Verrücktes: Er ging einfach in die
10 Gymnastikhalle hinein!
Die Mädchen hatten gerade einen Tanz beendet und stellten sich zu einem neuen auf. Einen Moment lang schienen sie ihn für ein Gespenst zu halten, so jedenfalls sahen sie alle
15 zu ihm hin.
Genau in diesem Augenblick setzte die Musik ein, doch die Mädchen verpassten den Anfang. Wie angewurzelt standen sie da und starrten alle auf Bernd.
20 Frau Birkenstock, die gerade eine neue CD in den Rekorder gelegt hatte, drehte sich um und entdeckte ihn jetzt auch.
Sie schien ebenfalls erstaunt zu sein.
Doch schon im nächsten Augenblick drehte sie
25 sich wieder zu den Mädchen und meinte:
„Na, was ist, habt ihr noch nie einen Jungen gesehen?"

Dann ließ sie die Musik von Neuem anfangen, und da klappte es schon wieder mit dem Einsatz beim Tanz.

Bernd wäre am liebsten weggelaufen, aber er traute sich nicht.

So blieb er für den Rest der Tanzstunde in der Gymnastikhalle.

Er stand mit dem Rücken an der Tür zum Umkleideraum und sah den Mädchen zu.

Zum Glück ist keine aus meiner Klasse dabei, dachte er, sonst würden die morgen fürchterlich darüber quatschen!

„Ist ja prima, dass du nun doch zum Tanzen kommst!", hatte Frau Birkenstock nach der Stunde zu ihm gesagt. „Die Mädchen sind wirklich nett, die beißen bestimmt nicht!"

Und dann hatten sie verabredet, dass er morgen zum ersten Mal in der Tanzgruppe mitmachen würde.

Bernd freute sich darauf, obwohl er doch ein bisschen Angst hatte.

Denn natürlich würden sie in der Klasse darüber quatschen.

Und ob Frank zu ihm halten würde, war noch nicht sicher; obwohl der meistens gar nicht so war, wie er nach außen hin tat.

Mit Mesut konnte Bernd über so was gar

nicht sprechen, selbst wenn er sonst
ein richtig prima Freund war.
Für Mesut war Tanzen einfach blöder
Weiberkram, der ihn überhaupt nicht
interessierte.

Bernd kurvte ganz in Gedanken auf den
Parkplatz vor dem Schwimmbad ein.
Er musste wohl das letzte Stück langsamer
gefahren sein, denn kaum war er an den
Fahrradständern angekommen, als auch schon
Frank und Mesut kurz hinter ihm bremsten.

Beschreibe Bernds Weg zum Schwimmbad:

Vom _____ biegt er

zuerst in den _____ ein, fährt an der

_____ vorbei, dann durch den

_____ und über die _____

_____ auf den _____

zum Stadion. Schließlich kommt er auf dem

_____ vor dem Schwimmbad an.

Zum Nachdenken

„Zusammenschließen!", rief Mesut und keuchte noch ein wenig.

„Okay", meinte Bernd und kettete sein Fahrrad sofort an Mesuts Vorderrad fest.

5 Schon rannte er los, ehe die beiden ihre Räder zusammenschließen konnten.

Er jagte die Treppe zum Eingang hoch, zeigte im Vorbeilaufen seine Dauerkarte und war im Schwimmbad verschwunden.

10 Bernd war bereits unter der Dusche gewesen, als Frank und Mesut ins Bad kamen:

Jetzt sprang er mit einem weiten Kopfsprung ins Becken.

Unter Wasser hatte er die Augen weit geöffnet
15 und sah umher.

Das Wasser war klar.

Die Strahlen der Mittagssonne fielen von oben herein und malten wechselnde Reflexe auf das Türkis der Kacheln.

20 Bernd drehte sich ein paarmal um seine eigene Achse, ehe er wieder nach oben schwamm.

Langsam wälzte er sich auf den Rücken.

Er saugte den Mund voller Wasser.

25 Und als er den blauen Himmel über sich sah, spritzte er einen langen Wasserstrahl kerzengerade in die Luft hinein.

Der Strahl stieg dem wolkenlosen
Sommerhimmel entgegen und fiel dann in
einem Bogen wieder ins Wasser zurück.
Bernd holte tief Luft, drehte sich auf den
5 Bauch, tauchte nochmals und schickte eine
zweite Fontäne in den blauen Sommerhimmel
hinauf.
Das war das Walfisch-Spiel, wie sie es
nannten.
10 Bernd fühlte sich wohl und tauchte zum
dritten Mal.
Als er dann nach oben kam und gerade seinen
Wasserstrahl gegen den hellblauen Himmel
pusten wollte, zog ihn plötzlich jemand an den
15 Beinen nach unten.
Vor Schreck verschluckte er das Wasser – und
musste jämmerlich husten.
Nachdem er sich etwas beruhigt hatte, sah er
in ungefähr zehn Metern Entfernung Frank
20 und Mesut beim Walfisch-Spiel.
Sie taten, als würden sie ihn überhaupt nicht
bemerken.
Gleichzeitig tauchten sie ins Wasser, kamen
zugleich wieder hoch und pusteten dann ihre
25 Wasserstrahlen auch zur gleichen Zeit in die
Höhe.
Es sah wirklich spitze aus.

Na, wartet nur, dachte Bernd, ihr tut ja so, als
könntet ihr kein Wässerchen trüben!
Er holte tief Luft und tauchte mit langen
Zügen vorsichtig auf die beiden Wale zu.
Gerade hatten Frank und Mesut die Köpfe
wieder oben und wollten das Wasser
rauspusten, da zog Bernd sie mit einem
kräftigen Ruck an den Beinen nach unten.
Sofort kraulte er wie wild bis zum Beckenrand
und kletterte blitzschnell an Land.
Es war keinen Augenblick zu früh, denn Mesut
war schon dicht hinter ihm.
Bernd sprang drei Schritte vom Wasser zurück
und rief: „Zwei zu Eins für mich!"
Nun kam auch Frank herangeschwommen.
Er hustete noch ein bisschen.
Schließlich sagte er: „Revanche!"
Bernd überlegte.
„Klar", meinte er dann, „Revanche – wir
tauchen um die Wette!"
Denn im Tauchen war er besser als Frank.
„Einverstanden", sagte Mesut und kletterte aus
dem Wasser.
Scheiße!, dachte Bernd, denn damit hatte er
nicht gerechnet.
Mesut war nämlich der beste Taucher in ihrer
Klasse.

So ein Mist!, dachte Bernd wieder und ärgerte sich, dass er diesen Vorschlag überhaupt gemacht hatte.
Doch jetzt konnte er ihn nicht mehr
5 zurücknehmen, das wäre feige gewesen.
Sie gingen zum Sprungbecken, weil dort längst nicht so viele Leute waren.
„Ich bin der Schiedsrichter", sagte Frank und hockte sich an den Beckenrand.
10 Bernd und Mesut gingen an das äußerste Ende des Sprungbeckens, dort, wo sie am weitesten von den Sprungbrettern entfernt waren.
„Auf die Plätze!", rief Frank.
Langsam ließen sie sich ins Wasser hinunter,
15 den Rücken an der Beckenmauer.

Die Freunde tauchen gern. Ergänze die Lücken.

_____ *taucht besser als* _____,

aber _____ *ist der beste Taucher.*

Was ist *deine* Lieblingssportart? Begründe.

_____

_____

Zum Nachdenken

„Fertig", sagte Frank.
Bernd hatte sich ziemlich mit Luft
vollgepumpt.
Schon bevor sie sich ins Wasser hineinließen,
5 hatte er noch ein paarmal schnell ein- und
ausgeatmet.
Das machten die älteren Jungen so, bevor sie
tauchten.
So was würde seinen Sauerstoffvorrat
10 vermehren, hatte sein Vetter Gerd mal
behauptet, und nun brauchte Bernd ganz viel.
Frank rief „Los!" und klatschte dabei in die
Hände.
Gleich nach dem Kommando hatte sich Bernd
15 mit den Füßen von der Wand abgestoßen und
war mit ein paar langen Zügen schräg nach
unten getaucht.
In ungefähr anderthalb Meter Tiefe begann er,
geradeaus zu schwimmen; langsam und zügig,
20 um Kraft zu sparen.
Rechts neben sich sah er Mesuts Körper.
Er war etwa zwei Meter von ihm entfernt.
Mesut tauchte auf gleicher Höhe wie er, hatte
aber einen kleinen Vorsprung.
25 Bernd begann, seine Schwimmzüge zu zählen.
Er war bis siebzehn gekommen, als er
bemerkte, dass ihm die Luft knapp wurde.

Er zog noch einmal die Arme ganz weit nach hinten durch, da sah er schon die bläulichen Fliesen der anderen Seite näher kommen.
Noch zwei Meter!, dachte er, nur noch zwei Meter!
Und da berührten seine Fingerspitzen schon die glatten Fliesen.
Erleichtert wollte er mit einem langen Armzug nach oben tauchen, da sah er, dass Mesut wendete.
Mit einem kräftigen Stoß seiner Beine stieß der sich von der blauen Fliesenwand ab und tauchte die Strecke zurück!
Ohne viel zu überlegen, machte Bernd das Gleiche.
Er kam gut weg, aber er spürte ganz deutlich, wie knapp sein Luftvorrat war.
Doch Ehrgeiz hatte ihn gepackt und trieb ihn voran.
Noch zwei Züge, dachte er, die schaff ich noch, nur noch einen Zug – und noch einen!
Die Brust schmerzte, schien zerplatzen zu wollen.
Doch er zog seine Arme noch einmal mit aller Kraft durch das Wasser.
Da flimmerte es ihm vor den Augen.
Er konnte einfach nicht mehr.

Mit einem wilden Zug riss er seinen Körper
steil nach oben.
Seine Arme zogen wild durch das Wasser.
Noch immer war er nicht oben!
5 Die letzte Luft verließ gurgelnd seinen Mund.
Noch immer nicht oben!
Immer noch nicht!
Jetzt! Endlich!
Sein Mund war über dem Wasser.
10 Luft!, dachte er, Luft!
Da spürte er einen gewaltigen Schlag gegen
seinen Rücken – und es wurde dunkel um ihn.

Mach dir, bevor du weiterliest, Gedanken über
folgende Fragen:
Was ist wohl passiert?

_____

_____

_____

Und welche Folgen könnte dies für Bernd haben?

_____

_____

Zum Nachdenken

2

Bernd liegt ganz allein in einem fremden Zimmer – und hat einen Traum, der ihn schreien lässt.

Als Bernd die Augen öffnete, schien es ihm, als blickte er in blendend weißen Schnee.
Was ist das?, dachte er und schloss die Augen wieder.
Eine Weile lag er mit geschlossenen Augen da und grübelte.
Schnee, dachte er, wieso Schnee, es ist doch Sommer? Wo bin ich eigentlich?
Langsam öffnete er die Augen wieder.
Vorsichtig, nur einen kleinen Spalt.
Das Weiß war jetzt nicht mehr so grell.
Und je länger er hinsah, desto klarer wurde es ihm, dass er auf eine weiße Zimmerdecke blickte.
Auf einmal schob sich etwas dazwischen.
Es dauerte wieder ein Weilchen, ehe Bernd erkannte, dass es ein Gesicht war, das Gesicht einer unbekannten Frau.
Sie lächelte ihm zu.
Dann spürte er, wie eine Hand über seine Stirn streichelte.

Eine Frage begann in ihm aufzutauchen.
Doch als er sie aussprechen wollte, gehorchte
ihm seine Zunge nicht.
Bernd mühte sich weiter.
Schwerfällig begann er zu sprechen:
„Wo ... bin ... ich?"
Die fremde Frau lächelte ihm ermunternd zu.
„Es geht dir gut", sagte sie, ohne auf seine
Frage einzugehen. „Nun musst du aber
schlafen."
Bernd sah jetzt die Hand, die er vorhin so
weich auf seiner Stirn gespürt hatte.
Ganz sanft senkte sie sich auf seine linke
Schläfe.
Er fühlte ihre weiche Wärme und wollte etwas
sagen ... sagen ... sagen ...
Dann fielen ihm die Augenlider zu.

Bernd erwachte mit einem Schrei und es
dauerte eine Weile, ehe er merkte, dass sein
Traum zu Ende war.
Er lag mit geschlossenen Augen da und der
Angstatem hob und senkte seine Brust.
Er war in einer Höhle gewesen.
Von ganz oben war er da hineingetaucht;
immer weiter hinab in eine endlose Tiefe aus
Farben und Licht.

Kapitel 2

Es war ein sehr klares Wasser, durch das er nach unten sank.
Mit langen und ruhigen Schwimmzügen tauchte er tiefer hinab, die leuchtenden
Windungen der Höhlenwände entlang, deren Licht in farbigen Reflexen schimmerte.
Langsam und gleichmäßig bewegte er sich nach unten, umgeben von einem Licht, das in allen Farben des Regenbogens schimmerte
und das ihm den Weg in die Tiefe wies.
Auf einmal war an seiner linken Seite ein Schatten erschienen.
Als winziger Fleck zuerst, der aber schnell größer wurde.
Schon schob sich der Schatten noch näher und begann, das Leuchten der Farben abzudecken, machte das Regenbogenlicht dunkel und trübe.
Bernd bemerkte, dass sein Vorrat an Atem kleiner wurde.
Er spürte das immer deutlicher, fühlte den Druck des angehaltenen Atems stärker und stärker in seiner Brust.
Da zog er die Arme mit großer Kraft durch das Wasser, riss sie bei jedem Schwimmzug weit nach hinten.
So schnell er nur konnte, zog er seinen Körper voran.

Doch der Widerstand des Wassers wurde größer.
Bernd versuchte, noch schneller zu schwimmen.
Aber mit jeder Bewegung steigerte sich die Atemnot.
Der Schatten neben ihm war riesig geworden.
Da wechselte Bernd entschlossen die Richtung und begann, nach oben zu tauchen, und für einen Moment war das Regenbogenlicht wieder deutlich zu sehen.
Der Schatten war verschwunden.
Doch nur Augenblicke später hatte ihn das Dunkel wieder eingeholt.
Schon spürte er seine Atemnot, stärker als zuvor.
Der Schatten war inzwischen so riesig geworden, dass er von ihm vollständig eingehüllt war.
Bernd zog sich mit großer Anstrengung nach oben.
Der Widerstand des Wassers wurde immer größer und es kam ihm vor, als bewege er sich durch einen dicken Brei.
Der riesige Schatten berührte seine Arme.
Aus dem Dunkel begannen dicke Fäden zu wachsen, die seine Arme umschlangen.

Sie wurden fester und fester.
Bernd zog jetzt mit aller Kraft.
Aber sein Luftvorrat war zu Ende.
Nur noch einen Zug, dachte er verzweifelt,
5 einen einzigen Zug noch!
Er zog und zog, seine Brust schmerzte, sie schien zu platzen.
Bernd versuchte mit allerletzter Kraft, seine Arme durch den dicken Brei zu ziehen, konnte
10 sie aber nicht mehr bewegen!
Da schrie er, so laut er nur konnte.
Er schrie und schrie – und erwachte von seinem eigenen Schrei.

Was meinst du: Wo befindet sich Bernd jetzt wohl?

_____

Bernd hat einen merkwürdigen Albtraum. Denke darüber nach, wie dieser Traum mit dem Geschehen im Schwimmbad zusammenhängen könnte.

_____

_____

_____

Zum Nachdenken

Kapitel 2

Die Tür des Zimmers wurde geöffnet.
Bernds angstgeweitete Augen sahen auf das Gesicht einer Frau; ein Gesicht, an das er sich allmählich zu erinnern begann.
„Was ist passiert?", fragte die Frau besorgt.
Dann nestelte sie ein wenig an den Schläuchen, die in seinem linken Arm endeten.
„Alles in Ordnung", sagte sie dabei und legte einen Augenblick die Hand auf seine Stirn.
Sie nahm ein Taschentuch und wischte ihm den Schweiß vom Gesicht.
„Ich bin Schwester Irene", meinte sie dann und streichelte ihm über das Haar.
Als Bernd die Hand der Krankenschwester auf seinem Kopf fühlte, schloss er die Augen.
Er spürte, wie das Streicheln immer sanfter wurde, und hatte ein wunderschönes Gefühl von Wärme.
Dann schlief er wieder ein.

Es dauerte noch Tage, bis Bernd erfuhr, was mit ihm geschehen war.
Seine Eltern waren, sooft sie nur konnten, bei ihm.
Sie hatten versucht, ihm seinen Zustand ganz behutsam zu erklären.

Bernd merkte, wie schwer es ihnen fiel.
Auch nachdem sie ihm gesagt hatten, dass er
noch länger im Krankenhaus bleiben müsse,
war es ihm nicht so richtig klar,
5 was dieser Unfall für ihn bedeutete.
Dann besuchten ihn Frank und Mesut.
Sie waren beide sehr verlegen, als sie das
Krankenzimmer betraten.
Besonders Mesut war sehr still.
10 Er saß vor Bernds Bett und es schien, als
wolle er sich in sich selbst verkriechen.
Bernd kam es vor, als hätte es nicht ihn,
sondern Mesut getroffen.
Schließlich erzählte ihm Frank genau,
15 wie es passiert war, denn er hatte ja alles
vom Beckenrand aus gesehen.
Nachdem Bernd und Mesut das Sprungbecken
durchtaucht hatten, wendete Mesut als Erster.
Er tauchte noch zwei oder drei Meter weiter,
20 dann kam er an die Oberfläche.
Er war ziemlich sicher, dass er gewonnen
hatte.
Deshalb drehte er sich um, doch er konnte
Bernd nirgends entdecken.
25 Nach dem Abstoßen von der Beckenwand
hatte Bernd die Richtung verloren.
Er tauchte jetzt auf die Sprungtürme zu.

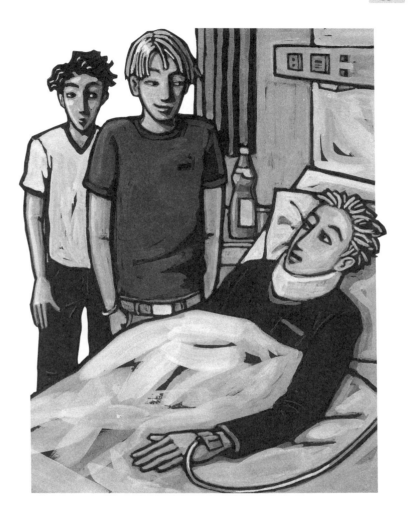

Bei diesem Bild hat sich ein Fehler eingeschlichen. Wenn du den Text nochmals ganz genau liest, kannst du ihn finden.

Zum Nachdenken

Und genau in dem Augenblick, als er in seiner
großen Atemnot an die Oberfläche kam,
sprang jemand vom Fünfmeterturm.
Es war ein großer Junge, der einen Fußsprung
mit Anlauf machte.
„Ich sah das alles kommen", sagte Frank, und
seine Stimme wurde dabei noch leiser, „aber
ich konnte nichts machen! Ehrlich, es ist ganz
furchtbar, wenn man sieht, was passieren
wird, aber nichts dagegen machen kann!"
Der große Junge war auf Bernd geprallt und
hatte ihm mit großer Wucht die Beine ins
Kreuz geschlagen.
Für einen Augenblick schien das Wasser zu
kochen, wild schäumte es auf.
Dann waren Bernd und der Junge im
Sprungbecken verschwunden.
Frank und Mesut schrien im selben
Augenblick.
Der Bademeister kam angerannt.
Im Laufen pfiff er wild auf seiner Trillerpfeife
und sprang dann ins Wasser.
Mesut war noch vor ihm an der Unfallstelle.
Er tauchte als Erster.
Dann war der Bademeister da.
Schon wurde Bernd nach oben gezogen und an
den Beckenrand geschleppt.

Dem großen Jungen war nichts passiert.
Er kam ohne fremde Hilfe aus dem
Sprungbecken und sah sehr verstört aus.
Er hockte sich auf einen Startblock und sah
5 immer wieder auf die Stelle im Wasser, an der
er auf Bernd gesprungen war.
Der Rettungswagen war in wenigen Minuten
da; schon schoben sie Bernd in den Wagen
und fuhren los.
10 Mesut und Frank standen unbeweglich da, bis
die Unfallsirene in der Ferne verklungen war.
Sie mussten dem Bademeister alles erzählen.
Auch der fremde Junge war dabei.
Frank und Mesut war es sehr unangenehm
15 gewesen, als sie die Vorwürfe des
Bademeisters anhören mussten.
Doch viel schlimmer noch waren ihre
Selbstvorwürfe.
Am allerschlimmsten aber war es, dass keiner
20 von ihnen jetzt Bernd helfen konnte.

Welche Vorwürfe könnte der Bademeister den
Jungen gemacht haben? Und welche Vorwürfe
machen sie sich wohl selbst? Notiere alles auf
einem Zusatzblatt und schreibe auch auf, was *du* zu
dem Vorfall meinst (mit Begründung).

Zum Nachdenken

Nun saßen die beiden Jungen neben ihrem Freund, der unbeweglich in seinem Krankenbett lag.
„Aber ich bin doch weiter getaucht als du!", sagte Bernd und versuchte zu lächeln.
Es war das erste Lächeln seit seinem Unfall.
Mesut war sehr ernst, als er nickte.
„Ja", sagte er leise, „stimmt, du bist weiter getaucht als ich."
„Wenn ich hier raus bin", meinte Bernd nun, „dann tauch ich erst mal mit Frank um die Wette!"
„Aber nicht wieder im Sprungbecken", sagte Frank.

Zwei Tage später bekam Bernd Besuch von dem Jungen, der ihm auf den Rücken gesprungen war.
Er hatte seine Eltern mitgebracht.
Der Junge hieß Ralf und mochte drei oder vier Jahre älter sein.
Er war sehr verlegen, als er Bernd begrüßte.
„Es tut uns allen sehr leid", sagte Ralfs Vater und sah ernst zu seiner Frau hinüber.
Die hatte bei seinen Worten genickt und ihr Gesicht zur Seite gedreht, damit Bernd ihre Tränen nicht sehen konnte.

„Ich hab ja extra noch mal geguckt, ehe ich absprang", sagte Ralf jetzt zu Bernd, „aber alles war frei, ehrlich!"
Es klang wie eine Entschuldigung.
Bernd wollte nicken, aber der Gipsverband erlaubte ihm diese kleine Bewegung nicht.

„Du siehst ja schon ganz gut aus", sagte der Doktor, als er zur Visite kam.
Wenn Visite war, wurde das Krankenzimmer immer ziemlich voll.
Da kamen dann gleich mehrere Ärzte und Schwestern, auch solche, die noch lernten.
Bernd war immer froh, wenn die vielen Leute endlich wieder aus dem Zimmer waren.
„Du kannst keine Besuchskarawane vertragen", sagte Schwester Irene einmal zu ihm, „doch Visite muss sein. Aber zum Glück ist nicht jeden Tag große Visite, sonst kämen wir hier gar nicht richtig zum Arbeiten!"

Erkläre den Begriff „Visite".

Zum Nachdenken

Als Sportlehrer Maigrün und Frau Birkenstock ihn besuchen kamen, sah Bernd, dass der Sportlehrer nicht mehr humpelte.
Noch ehe die beiden etwas sagen konnten, stellte er fest: „Herr Maigrün, Sie sind in letzter Zeit wohl nicht mehr über den Kasten gesprungen."
Der Sportlehrer stutzte einen Augenblick, dann mussten sie alle lachen.
„Du bist ja schon ganz gut drauf, Bernd!", sagte Herr Maigrün zu ihm.
Und Frau Birkenstock meinte: „Diese Hocke über den Kasten muss einen mächtigen Eindruck gemacht haben!"
„Vielleicht sollten Sie es auch mal versuchen", sagte Bernd und grinste.
„Nein, danke", antwortete Frau Birkenstock und knipste dabei ein Auge zu, „solche Glanzleistungen überlass ich gern Kollegen mit größerer Erfahrung!"
„Wer keine Fehler macht, ist kein Mensch", hatte daraufhin Herr Maigrün gemeint und anschließend behauptet, Lehrer seien auch nur Menschen.
„Kinder aber auch", sagte Bernd und lächelte.
„Das musste einmal laut und deutlich gesagt werden!", hatte Frau Birkenstock gemeint.

Auch aus seiner Klasse kamen sie zu Bernd
ins Krankenhaus.
Sie waren aber höchstens zu dritt, denn dafür
hatte Schwester Irene schon gesorgt.
5 Bernd freute sich über die Besuche, besonders
auch deshalb, weil sie zu ihm kamen, obwohl
jetzt draußen so ein prima Badewetter war!
Auch zwei Mädchen aus der Tanzgruppe von
Frau Birkenstock waren gekommen.
10 Das hatte Bernd doch überrascht.
Und obwohl sie sich damals in der
Gymnastikhalle nur einmal gesehen hatten,
erzählten sie sich eine ganze Menge.
Als sie gegangen waren, fand Bernd, dass man
15 sich sogar mit fremden Mädchen ganz gut
unterhalten konnte.

„Wer keine Fehler macht, ist kein Mensch."
„Lehrer sind auch nur Menschen."

Schreibe die beiden Sätze, die Herr Maigrün sagt,
auf ein Zusatzblatt und schreibe darunter, was
damit wohl gemeint ist und was *du* davon hältst.
Wenn du selbst schon einmal die Erfahrung
gemacht hast, dass Herrn Maigrüns Behauptungen
stimmen, kannst du auch Beispiele dafür notieren.

Zum Nachdenken

Eines Tages wurde Bernd sehr lange und gründlich untersucht.
Als er nach dieser Untersuchung wieder in sein Krankenzimmer zurückgefahren wurde,
5 war Schwester Irenes Gesicht anders als sonst.
Dann kamen seine Eltern zu ihm.
Bernd sah, dass seine Mutter rot geweinte Augen hatte.
Sie versuchte, zu lächeln, aber Bernd
10 bemerkte, dass es ihr nicht gelang.
„Du bist ein tapferer Junge", sagte der Vater und ergriff Bernds Hände.
Er machte ein sehr ernstes Gesicht.
Seine Mutter sagte nichts.
15 Sie legte nur ihre Hände um seinen Kopf.
Als sie dann zu weinen begann, spürte er ihre warmen, salzigen Tränen auf seine Gesichtshaut tropfen.

3

*Bernd sitzt in seinem Rollstuhl – und sein
Freund Mesut steht zum ersten Mal im Tor der
Klassenmannschaft.*

Sofort nach dem Anpfiff stürmte die andere
Mannschaft los.
Mit drei, vier Spielzügen kamen die fremden
Jungen bis an den Strafraum heran.
Auf einmal stand der Halblinke da.
Ehe Frank an ihn herankommen konnte, flog
der Fußball auf den fremden Stürmer zu.
Der sprang dem Ball entgegen und traf ihn
wuchtig mit der Stirn.
Schon jagte der Lederball mit großer
Geschwindigkeit auf das Tor zu.
Mesut hechtete in die linke Ecke.
Für einen Augenblick sah es aus, als würde er
waagerecht in der Luft hängen bleiben und der
Ball an seinen Händen vorbei ins Netz sausen.
Doch im allerletzten Augenblick berührten die
Fingerspitzen die Lederkugel und lenkten sie
aus ihrer Bahn.
Der Ball prallte auf den Boden, sprang noch
einmal hoch, schlug gegen den Torpfosten und
federte zurück in den Strafraum.

Schon war Frank da und schoss ihn weit nach vorn.
Das war aber haarscharf!, dachte Bernd.
Frank, der jetzt am Rande des Strafraumes
5 stand, drehte sich kurz zu Mesut um.
„Super!", rief er und hob den Daumen der rechten Hand, „echt super!"

Das war wirklich gut, dachte Bernd, eigentlich viel zu gut für Mesuts erstes Spiel.
10 Aber es hat ja erst angefangen, und da kann noch viel passieren!
Mesut stand auf der Torlinie und sah gespannt auf das Spielfeld.
Sie hatten ja erst zwei oder drei Minuten
15 gespielt, und schon war dieser gefährliche Kopfball auf sein Tor geflogen.
Mesut begann, unruhig auf der Torlinie hin- und herzugehen.
Es war das erste Mal, dass er im Tor der
20 Klassenmannschaft stand, denn das war bisher Bernds Stammplatz gewesen.
Jetzt war der Ball in der anderen Hälfte des Spielfeldes.
Thorsten schoss eine Flanke nach links.
25 Mark spurtete zum Strafraum, kam aber nicht an den Ball heran.

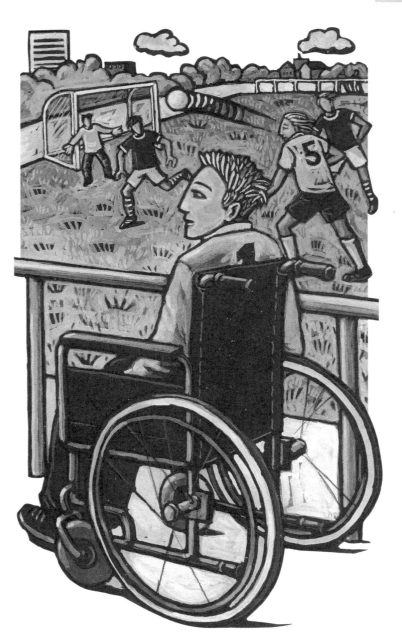

Der Libero der anderen Mannschaft köpfte den Ball ins Aus.
Mark warf den Lederball von der linken Außenlinie ein.
Er prallte von Thorsten ab, sprang einem Gegenspieler vor die Füße.
Der Junge aus der anderen Mannschaft schob ihn direkt auf seinen Rechtsaußen zu.
Der spurtete sofort die Linie entlang.
Schon hatte er Jochen umdribbelt und flankte den Ball nach innen.
Der Fußball flog auf den Strafraum zu.
Mesut lief ihm entgegen, war aber zu früh losgelaufen.
Als er hochsprang, konnten seine Hände den Ball nicht erreichen.
Die Lederkugel flog weiter.
Sie flog an Frank und Mark vorbei und kam dem fremden Linksaußen direkt vor die Füße.
Das Tor war völlig frei.
Der Junge schoss direkt aus dem Lauf.
Es war ein wuchtiger Schuss.
Die Torlatte zitterte, als der Ball sie traf.
Der Linksaußen schoss zum zweiten Mal.
Der Ball prallte gegen das Außennetz und war im Aus.
Das war doch ein glatter Fehler von Mesut,

dachte Bernd, so ein Mist! Viel zu früh ist der
rausgelaufen, viel zu früh! Bei solchen hohen
Bällen muss man warten können!
Die erste Halbzeit über blieb Mesut nervös.
Doch als es bis zur Halbzeit beim Null zu Null
blieb, da war er immer ruhiger geworden.
„Du hast gut gehalten", sagte Herr Maigrün in
der Pause zu ihm.
„Echt gut", ergänzte nun auch Frank und war
wohl ein bisschen stolz, dass Mesut sein
Freund war.
Bernd sagte nichts.
Er saß nur in seinem Rollstuhl und dachte:
Ein Spiel ist erst zu Ende, wenn es abgepfiffen
wird!
„Ich komm nach der Pause zu dir zurück",
hatte Herr Maigrün gesagt und war dann mit
den Spielern in den Umkleideraum gegangen.

Es war das erste Mal seit seinem Unfall, dass
Bernd wieder dabei war.
Jetzt aber nur als Zuschauer.
Sonst hatte er ja immer mitgespielt; immer auf
seinem Stammplatz im Tor.
Als Herr Maigrün in der Klinik anrief und ihm
den Vorschlag machte, bei diesem Spiel dabei
zu sein, da hatte er sich sehr gefreut.

Ich bin wieder dabei, hatte er gedacht, ich bin wieder bei meiner Mannschaft!
Der Sportlehrer hatte ihn in seinem Kombi von der Klinik abgeholt.
Dann war er mit ihm hier zum Sportplatz am Ratsgymnasium gefahren.
Es war das erste Spiel der Klassenmannschaft nach den großen Ferien.
Herr Maigrün kannte einen Kollegen aus dem Ratsgymnasium und hatte mit ihm diese Begegnung vereinbart.
Bernd durfte noch nicht zur Schule gehen.
Das könnte frühestens Ende des Jahres sein, hatte man ihm in der Klinik gesagt.
Bis dahin musste er noch in der Reha bleiben.
Rehabilitation hieß es eigentlich, aber alle dort sagten nur Reha.
„Rehabilitation heißt Wiederherstellen", hatte Hermann Timmenbrink erklärt, der in der Klinik die Krankengymnastik machte, „und das wollen wir bei dir so gut wie möglich versuchen."
Es war ein ganz tolles Gefühl gewesen, als Bernd aus Sportlehrer Maigrüns Kombi auf den Sportplatz rollte.
Die ganze Mannschaft hatte sich um seinen Rollstuhl versammelt.

Und obwohl er nicht mitspielte, war er doch
der Mittelpunkt.
Aber als das Spiel dann anfing, fühlte er sich
von Minute zu Minute einsamer.
Selbst Herr Maigrün, der beim Anpfiff noch in
seiner Nähe war, lief nun die Linie entlang
und gab den Jungen seine Anweisungen.
Und in der Halbzeitpause war die ganze
Mannschaft so sehr mit sich selber beschäftigt,
dass sie ihn ganz und gar vergaßen.
Selbst seine Freunde Frank und Mesut ließen
sich nicht bei ihm sehen.
Bernd saß in seinem Rollstuhl und spürte sehr
deutlich, dass seine Mannschaft ihn überhaupt
nicht brauchte.
Er hatte es sich nicht vorstellen können, wie
schwer das für ihn sein würde, nur zuzusehen;
im Rollstuhl zu sitzen und nur zusehen zu
müssen, während die anderen mit ihren
gesunden Beinen über den Sportplatz liefen.
Doch schlimmer als alles andere war, dass
Mesut an seiner Stelle im Tor stand.
Ausgerechnet Mesut!
Für einen Augenblick kam eine große Wut in
Bernd hoch, Wut auf Mesut.
Wenn der nicht gewesen wäre, dachte er, dann
hätte ich im Sprungbecken nicht bis zur

Bewusstlosigkeit tauchen müssen! Dann wäre gar nichts passiert! Überhaupt nichts! Und jetzt hat er mir auch noch meinen Stammplatz als Torwart geklaut!

Bernd saß in seinem Rollstuhl und biss die Zähne zusammen.

Er presste seine Hände so fest um die Räder, dass die Haut über seinen Fingerknöcheln ganz weiß wurde.

Sein Rollstuhl war jetzt die einzige Möglichkeit geworden, um sich durch die Welt zu bewegen.

Und obwohl sein Unfall inzwischen schon Monate zurücklag, hatte er sich noch längst nicht an seine Folgen gewöhnt.

Er hatte ja nie gedacht, dass ihn so etwas treffen könnte.

Ausgerechnet ihn!

Und auch, als er zum ersten Mal von seiner Querschnittlähmung erfuhr, hatte er sich nicht vorstellen können, was das bedeutete.

Da kann man doch sicher noch was dran machen, hatte er damals gedacht.

Als es ihm aber im Laufe der Zeit immer klarer wurde, dass dieser Zustand sein Leben lang andauern würde, da hatte er sich gegen diese Einsicht mit aller Kraft gewehrt.

„Dabei hast du noch Glück gehabt", hatte der Arzt eines Tages zu ihm gesagt, „wenn dich der Junge nur ein paar Zentimeter höher am Rücken getroffen hätte, könntest du jetzt auch deine Arme nicht mehr gebrauchen!"
Glück gehabt?, dachte Bernd, das soll Glück sein, wenn man die Beine nicht mehr bewegen kann?

Beginne mit jedem Buchstaben einen kurzen Satz, der etwas über Bernd und seine Gefühle aussagt.

E _____

I _____

N _____

S _____

A _____

M _____

W _____

U _____

T _____

Zum Nachdenken

Und warum musste es ausgerechnet mir
passieren? Es gibt doch so viele andere Jungen
in meinem Alter, warum musste es
ausgerechnet ich sein?
So sehr er sich auch fragte, so sehr er
überlegte, er fand darauf keine Antwort.
Vielleicht ist alles gar nicht so schlimm, wie
sie alle sagen, hatte er dann wieder gedacht;
vielleicht wache ich eines Morgens auf und
springe wie früher einfach mit beiden Beinen
aus dem Bett!
Aber es wurde nicht mehr wie früher, so sehr
er es sich auch wünschte.
Es dauerte ziemlich lange, bis er bemerkte,
dass er sich da etwas vorzumachen versuchte.
Niemals würde es wie früher sein!
Als ihm das klar geworden war, da hatte er
fast eine Nacht lang geweint, bis keine Tränen
mehr fließen wollten.
Dann war er vor Erschöpfung eingeschlafen.
Er schlief so tief und so fest, dass sie in der
Klinik Mühe hatten, ihn am Morgen überhaupt
wach zu kriegen.
Die erste Zeit nach dem langen Liegen war die
schwerste gewesen.
Denn alle Muskeln, die er nicht benutzte,
waren schlaff geworden.

Bernd hatte gar nicht geglaubt, dass das so schnell passieren könnte.
Selbst seine Arme, die überhaupt nicht gelähmt waren, hatten nach dem langen Liegen wenig Kraft.
„Wer rastet, der rostet", hatte Hermann Timmenbrink gemeint, als er mit ihm die ersten Bewegungsübungen machte.
Bernd versuchte, mitzumachen, so gut es ging. Aber es fiel ihm alles sehr schwer.
Und für einen Jungen, der ganz genau wusste, mit welcher Leichtigkeit er sich früher bewegt hatte, war das besonders bitter.
„Ich kann dich ja verstehen, Junge", hatte Herr Timmenbrink einmal gesagt, als Bernd weinend an der Sprossenwand hing, „glaub mir, ich kann dich gut verstehen!"
Dann hatte er erzählt, dass er früher Artist gewesen sei. Hochseilartist im Zirkus.
Doch nach einem schweren Unfall konnte er in seinem Beruf nicht mehr weitermachen.
Er musste umschulen und wurde schließlich Bewegungstherapeut.
„Nicht, dass du jetzt denkst, ich wäre vom Hochseil gefallen, aus der Zirkuskuppel sogar", sagte Herr Timmenbrink zu Bernd, „das war viel gemeiner! Ich habe mich mit

dem Auto überschlagen, weil mich ein
Lastwagen abgedrängt hat. Ziemlich brutal ist
der gefahren. Mein Wagen landete als
Schrottauto an der Leitplanke. Sie mussten
5 mich mit dem Rettungshubschrauber in die
Unfallklinik fliegen. Die Ärzte haben mich
zwar wieder ziemlich zusammenflicken
können, aber den schwierigen Rest, den
musste ich selber machen. Ich habe ihn auch
10 gemacht, so gut es eben ging, denn ich war ja
harte Körperarbeit gewöhnt. Aber aufs
Hochseil, da durfte ich danach nicht mehr!
Junge, ich kann dich gut verstehen!"

Bernd weint, weil es nie mehr so wird wie früher.
Was könntest du ihm jetzt sagen? (Zusatzblatt)

Suche im Text die Erklärung für den Begriff
„Rehabilitation" (Reha):

___

Lies im Buchanhang den Text „Querschnittlähmung"
(Seite 122) und notiere (Zusatzblatt):
– Wie entsteht eine Querschnittlähmung?
– Welche Folgen hat sie für den Betroffenen?

Zum Nachdenken

Irgendwann, als sie beim Bewegungstraining im Wasser waren, hatte Herr Timmenbrink zu ihm gesagt: „Bei uns Artisten gibt es einen Spruch, den solltest du gut behalten:
Wenn ich einen Tag nicht übe, dann merke ich es selber. Wenn ich zwei Tage nicht übe, merken es meine Kollegen. Doch wenn ich drei Tage lang nicht übe, dann merken es die Zuschauer!
Du solltest nicht so lange warten, bis es andere merken!"
An diesen Spruch hatte Bernd immer dann gedacht, wenn ihm die Krankengymnastik zu viel wurde, wenn er trotz größter Anstrengungen kaum Fortschritte erkennen konnte.

Da kamen die beiden Mannschaften wieder aufs Spielfeld zurück.
Der Schiedsrichter hatte das Spiel kaum angepfiffen, als es für Mesut gefährlich wurde.
Der Halblinke der anderen Mannschaft bekam den Ball vor dem Strafraum zugespielt.
Er dribbelte an Frank und Mark vorbei und schoss den Ball scharf und flach in die linke Ecke.

Mesut hechtete über den Boden und lenkte den Lederball mit den Fingerspitzen ins Aus.
Eckball von links.
„Gut, Mesut!", rief Herr Maigrün, „sehr gut!"
Zufall, dachte Bernd, das war doch glatter Zufall, dass der in die richtige Ecke gehechtet war!
Bernd sah, dass Mesut nervös auf der Torlinie tänzelte.
Der steht ja ganz falsch, dachte er, als der Rechtsaußen anlief.
Der Lederball flog hoch in den Strafraum.
Frank und Mark dachten, Mesut würde den Ball abfangen, aber der blieb wie angewurzelt auf der Torlinie stehen.
Der Ball senkte sich auf den Halblinken der anderen Mannschaft.
Der sprang ihm entgegen und traf ihn wuchtig mit dem Kopf.
Schon jagte der schwarzweiße Lederball in die rechte obere Torecke.
Mesuts Faust schoss nach oben und schlug den Ball ins Spielfeld zurück.
Diesen Schuss hätte er eigentlich nicht halten dürfen, dachte Bernd, so ein dicker Fehler muss doch bestraft werden! So viel Glück auf einmal darf man doch gar nicht haben!

Bernd spürte, wie neidisch er auf Mesut war.
Neidisch auf jenen Jungen, der da mit zwei
gesunden Beinen zwischen den Torpfosten
stand.
Er war sehr neidisch auf einen Jungen, den
er immer für seinen Freund gehalten hatte
und der jetzt an seiner Stelle dem Ball
entgegensprang.
Bernd saß unbeweglich in seinem Rollstuhl
und Tränen stiegen in seine Augen, Tränen der
Enttäuschung und der Wut.
Er spürte ganz deutlich, wie er Mesut eine
Niederlage wünschte; wie sehr er es wünschte,
dass seine eigene Mannschaft dieses Spiel
verlor!
In dieser Halbzeit kam der Ball noch ein
paarmal ziemlich gefährlich auf Mesuts Tor
geflogen.
Aber immer wieder hatte Mesut Glück.
Einmal konnte er den Ball im allerletzten
Augenblick über die Latte boxen.
Ein anderes Mal traf ein wuchtiger Schuss,
den er nie und nimmer gehalten hätte, nur den
linken Torpfosten.
Und einmal stand sogar Frank auf der Torlinie
und köpfte den Ball wieder ins Spielfeld
zurück.

Als dann der Schiedsrichter das Spiel abpfiff, war es beim Unentschieden geblieben.
Obwohl die andere Mannschaft überlegen gespielt hatte, brauchte Mesut kein einziges Mal den Ball aus dem Netz zu holen.
„Mesut, der Held des Tages", verkündete Frank nach dem Spiel.
Mesut hatte zwar abgewinkt, aber man konnte sehen, dass er sich über diese Worte freute.
Null zu Null, dachte Bernd, ist keine Niederlage.
Aber im gleichen Augenblick wusste er, dass er trotz des Unentschiedens seiner Mannschaft verloren hatte.

Bernd wünscht seiner Mannschaft eine Niederlage.
Kannst du das verstehen?   ☐ *Ja, ...*   ☐ *Nein, ...*

weil _____

_____

Was meint Bernd, wenn er denkt, dass *er* trotz des Unentschiedens seiner Mannschaft verloren hat?

_____

_____

Zum Nachdenken

4

*Bernd kommt nach den Weihnachtsferien
wieder in die Schule am Stadtpark zurück –
und Hausmeister Kampmann lässt ihn am
Lastenaufzug warten.*

Hausmeister Kampmann hatte nicht gewartet,
keine einzige Minute.
Bernd war nur ein bisschen später als sonst
angekommen, weil er wegen der glatten Straße
langsamer fahren musste, schon war der
Hausmeister weg.
Bernd saß in seinem Rollstuhl und blickte auf
das große Tor des Lastenaufzugs.
Dann sah er sich um, aber er blieb allein.
Wenn ich jetzt zum Haupteingang fahre,
dachte er, kommt der Kampmann vielleicht
durch die Hintertür – wenn wir uns dann
verpassen, muss ich hier womöglich bis zur
nächsten Pause sitzen.
Im Flur war es kalt.
Bernd wickelte die Decke fester um seine
Beine und wartete.

Er war nach den Weihnachtsferien wieder in
die Schule zurückgekommen.

Kapitel 4

Sie hatten ihn eigentlich ganz prima aufgenommen, die Lehrer und auch die Schüler seiner Klasse.
Was er durch das lange Kranksein versäumt hatte, konnte er schnell nachholen, denn er hatte ja seine „Hauslehrer" gehabt, wie sich Frank und Mesut selber nannten.
Frank übte mit ihm Mathe und Mesut Englisch.
Das hatten sie gemacht, obwohl Bernd in der ersten Zeit gar nicht freundlich zu ihnen gewesen war.
Er hatte sich noch nicht damit abgefunden, dass er für immer im Rollstuhl sitzen musste.
Und das ließ er seine Umgebung spüren.
Besonders Mesut gegenüber war Bernd manchmal richtig ungerecht.
Nach dem Fußballspiel hatte es eine ganze Zeit gedauert, ehe er wieder halbwegs normal mit ihm sprach.
Frank und Mesut fühlten sich irgendwie verantwortlich für Bernd; denn schließlich waren sie an seinem Unfall beteiligt gewesen, obwohl sie keine Schuld daran hatten.
Auch deshalb waren sie seine „Hauslehrer" geworden.
Sie waren jetzt in der siebten Klasse.

Bernd war in der Schule ganz gut gewesen,
wenigstens fiel ihm das Lernen nicht schwer.
Und seine Lehrer meinten, dass er dieses
Schuljahr gut schaffen würde.
5 Mit Bernds Rollstuhl hatte es zuerst ein großes
Problem gegeben.
Das Schulgebäude war schon etwas älter und
er der erste Rollstuhlfahrer.
Doch dann war jemand auf die Idee
10 gekommen, dass er doch mit dem
Lastenaufzug fahren könnte.
Dieser Aufzug war für den Transport von
Tischen und Stühlen in die oberen Stockwerke
gedacht.
15 Und Bernd musste ihn jetzt benutzen, wenn er
in seine Klasse kommen wollte.

Bernds „Hauslehrer":

_____ übt _____ mit ihm.

_____ übt _____ mit ihm.

In welchen Fächern könntest *du* einem Mitschüler
oder einer Mitschülerin ein guter „Hauslehrer" sein?

_____

Zum Nachdenken

Kapitel 4

Bernd saß in seinem Rollstuhl und wartete.
Hausmeister Kampmann war immer noch nicht gekommen.
Dabei hab ich doch noch die Klingel gehört,
als ich auf den Schulhof kam, dachte Bernd.
Die Kälte begann, durch die Decke zu kriechen.
Am schlimmsten war es für ihn, wenn die anderen zum Sport gingen.
Da hätte er heulen mögen.
Nie mehr würde er um die Wette laufen, nie mehr vom Sprungbrett den Handstandüberschlag oder gar den Salto über den Kasten springen können.
Am meisten jedoch tat es ihm weh, dass er nie mehr als Torwart in der Klassenmannschaft spielen konnte.
Diesen Platz hatte jetzt Mesut eingenommen.
Meinen Platz, dachte Bernd, meinen Stammplatz!
Solche Augenblicke taten ihm besonders weh.
In diesen Momenten konnte es geschehen, dass er, wenn er draußen war, plötzlich wie wild mit seinem Rollstuhl zu fahren begann.
Er fuhr dann so schnell, dass ihm die Leute erstaunt nachsahen.
Er drehte seine Räder so lange, bis seine Arme ganz müde waren.

Und manchmal geschah es, dass er vor
Erschöpfung weinte.
Aber allmählich begann er, sich doch an
seinen Zustand zu gewöhnen; fing an, sich
damit abzufinden, dass er im Rollstuhl saß,
ja sitzen musste.
Selbst wenn er sich noch so sehr dagegen
wehrte, es wurde ihm immer klarer, dass es
nie mehr so sein würde wie früher.
Nie mehr, wie es vor seinem Unfall gewesen
war, damals im letzten Sommer.
Nach seinem Unfall hatten seine Eltern ihren
Golf verkauft und sich einen Kombi
angeschafft.
Dort konnte Bernd seinen Rollstuhl
unterbringen, wenn sie irgendwohin fuhren.
Sein Rollstuhl war jetzt auch die einzige
Möglichkeit, um ohne fremde Hilfe zu anderen
Menschen zu kommen.
Und von Tag zu Tag hatte er gelernt, besser
damit umzugehen.
*Wenn ich einen Tag nicht übe, dann merke ich
es selber. Wenn ich zwei Tage nicht übe,
merken es meine Kollegen. Wenn ich aber drei
Tage lang nicht übe, dann merken es die
Zuschauer.*
Bernd hatte sich immer an diesen alten

Artistenspruch erinnert, wenn ihm das Üben wieder einmal schwerfiel.
Nun konnte er mit seinem Rollstuhl schon ziemlich geschickt umgehen.
5 Doch trotz aller Übung blieben Treppen ein unüberwindliches Hindernis.
Zu Hause hatten sie einen Aufzug.
Zwar wohnten sie in der vierten Etage, aber es gab bei ihnen keine Stufen.

Bernd ist traurig, weil vieles nie mehr so sein wird wie früher. Notiere einige Beispiele.

Nie mehr _____

Nie mehr _____

Nie mehr _____

Nie mehr _____

Bernds Schule ist nicht behindertengerecht gebaut. Was müsste in dem Gebäude verändert werden, um einem Rollstuhlfahrer gerecht zu werden?

_____

_____

Doch in der Schule gab es zahlreiche Stufen.
Der Lastenaufzug war dann die Notlösung gewesen, aber er half Bernd, in seiner alten
5 Klasse zu bleiben, bei seinen Freunden und den anderen, die er kannte.
Und das war etwas, was für ihn wichtiger war, als der rumpelnde Lastenaufzug und das brummige Gesicht des Hausmeisters.

Bernd wartet auf den Hausmeister. Dabei gehen ihm viele Gedanken durch den Kopf. Versetze dich in Bernds Situation und schreibe für ihn einen Text, in dem seine Stimmung zum Ausdruck kommt.

Ich _____

_____

_____

_____

_____

_____

_____

Zum Nachdenken

Kapitel 4

Bernd spürte, wie es ihm immer kälter wurde.
Die Kälte kroch ihm den Rücken herauf.
Und obwohl er seine Beine nicht fühlte,
wusste er doch genau, dass er auch dort fror.
5 Da griff er an die Räder seines Rollstuhls und
begann, im Flur umherzufahren.
Er fuhr ein Stückchen geradeaus, wendete,
fuhr wieder zurück; wendete, fuhr hin und her.
Wo der Kampmann bloß bleibt?, dachte Bernd
10 und lenkte den Rollstuhl im Kreis; wenn er
nicht bald kommt, ist die erste Stunde vorbei!

Es war an einem Sonntagnachmittag gewesen.
Bernd hatte sein Fotoalbum vor sich liegen.
15 Dieses Album hatten ihm seine Eltern zu
seinem zwölften Geburtstag geschenkt.
Er schlug es auf und begann zu blättern.
Er hatte einige Fotos eingeklebt.
Es waren Bilder von ihrer letzten Urlaubsreise
20 vor dem Unfall, damals, als sie in den großen
Ferien in Österreich waren.
Auf einem Foto stand er mit seiner Mutter auf
einer Almwiese.
Sie waren in einer Herde braun-weißer Kühe.
25 Bernd hatte sich so hingestellt, dass er genau
zwischen zwei Kühen stand, die mächtige
Glocken um den Hals trugen.

Dahinter waren hohe Berge zu sehen, mit viel
Schnee auf den Gipfeln.
Auf einem anderen Bild versuchte sich sein
Vater als Surfer auf dem Wolfgangsee.
Es war ein richtiger Schnappschuss, den die
Mutter da gemacht hatte.
Das Foto zeigte, wie der Vater, und das
bestimmt zum zwanzigsten Mal, von seinem
Surfbrett kippte!
Bernd lächelte, als er daran dachte, dass sein
Vater, vom vielen Klettern aufs Surfbrett
müde geworden, damals gesagt hatte:
„Man wird so alt wie eine Kuh und lernt
immer was dazu!"
Die Mutter hatte lachend gemeint: „Wenn es
dem Esel zu gut geht, steigt er aufs Surfbrett!"
Dann hatten sie alle drei gelacht.
Das war ein schöner Urlaub gewesen, dachte
Bernd.
Doch im gleichen Augenblick wusste er auch
schon, dass er nie mehr auf Berge steigen
könnte, noch nicht einmal zu Papa aufs
Surfbrett.
Nie mehr würde er zwischen blühender Arnika
und blau leuchtendem Enzian auf einer
Almwiese stehen, umweht vom Duft wilder
Blumen und Kräuter.

Kapitel 4

Hausmeister Kampmann kam langsam um die Ecke.

„Da bist du ja endlich!", bemerkte er.

Er tat zuerst noch sehr beschäftigt und schaute sich das Schloss des Tores so genau an, als sei es ein seltenes Tier, dann begann er es umständlich aufzuschließen.

„War wohl etwas schwer, mit dem Arsch aus dem Bett zu kommen, was?", meinte er dann, „hast wohl zu lange vor der Glotze gehockt!"

Bernd wollte ihm eigentlich sagen, dass es unterwegs stellenweise Glatteis gegeben hatte. Aber dann sagte er lieber nichts und rollte sich in den Lastenaufzug.

Hausmeister Kampmann schloss das Tor und ließ den Aufzug nach oben rattern.

Rumpelnd erreichte er den zweiten Stock.

Der Hausmeister öffnete das Tor und Bernd rollte in den Korridor.

„Und lass mich nie wieder warten!", rief ihm der Hausmeister nach. „Ich hab Wichtigeres zu tun, als deinen Liftboy zu spielen!"

Was meinst du zum Verhalten des Hausmeisters? Stell dir vor, du könntest ihm deine Meinung sagen. Notiere, was du ihm sagen würdest. (Zusatzblatt)

Wie fühlt sich Bernd nun wohl?
Worüber könnte er nachdenken?
Schreibe mögliche Gedanken in die Gedankenblase.

Zum Nachdenken

KAPITEL 4

Bernd biss sich auf die Lippen und rollte so schnell es ging den Korridor entlang.
Es würde jetzt wieder einen dieser Auftritte geben, die er nicht mochte.
Alle würden sie zur Tür sehen, wenn er in die Klasse rollte.
Frau Frischborn würde ihren Unterricht unterbrechen.
Obwohl sie sich nie etwas anmerken ließ, nahm Bernd doch an, dass ihr solche Unterbrechungen unangenehm waren.
Sie würde auch schnell die Tür hinter ihm zumachen, obwohl er das inzwischen auch selber gut konnte.
Dann müsste er noch unter den Blicken der ganzen Klasse auf seinen Platz rollen, ehe der Unterricht weiterging.
Bernd stoppte seinen Rollstuhl vor der Klassentür.
Als er den Türgriff in die Hand nahm, zögerte er einen Augenblick.
Ob Frank und Mesut heute da sind?
Warum sollten sie denn nicht da sein, dachte er dann, wenn sogar ich bei Glatteis im Rollstuhl den Weg zur Schule schaffe!

5

Vera dreht heimlich im Park Pirouetten – und Bernd sieht ihr vom Rollstuhl aus hinterher.

Es war ein paar Tage später.
Hausmeister Kampmann hatte, mürrisch wie immer, Bernd mit dem Lastenaufzug nach unten gefahren.
„Und verpenn morgen bloß nicht!", sagte er zum Abschied.
Bernd gab keine Antwort.
Er rollte schweigend aus dem Aufzug heraus.
Als er auf dem Schulhof war, bewegte er seinen Rollstuhl auf den Ausgang zu, der zum Park führte.
Von diesem kleinen Tor aus ging ein Weg durch den Park, den Bernd in letzter Zeit gern benutzte, denn hier kamen um diese Jahreszeit kaum Leute vorbei.
Auf dem schmalen Weg konnte er seinen Rollstuhl etwas schneller fahren als auf dem Bürgersteig.
Diesen Weg hatte er im Sommer benutzt, um mit dem Fahrrad schneller am Schwimmbad zu sein.
Ein- oder zweimal hatte Bernd jetzt an diese

Fahrten gedacht und jedes Mal einen kleinen Schmerz verspürt.

Wenn das geschah, begann er, die Räder des Rollstuhls schneller zu drehen, und mit dem schnelleren Atem wurde auch sein Erinnerungsschmerz kleiner.

Bernd war diesen Weg schon ein Stückchen entlanggerollt, als er Vera sah.

Vera war neu in der Klasse.

Sie war ihm gleich aufgefallen, als er nach Weihnachten zurückkam.

Aber er hatte sich nicht getraut, mit ihr zu sprechen.

Sie war auch nicht besonders gesprächig, wie es ihm schien.

Doch heimlich zu ihr hingesehen hatte er schon ab und zu.

Ja, eigentlich mehr als nur ab und zu.

Ein- oder zweimal waren sich dabei ihre Blicke begegnet.

Es sah nach Zufall aus und sie hatten beide ganz schnell weggesehen.

Aber einmal war es doch passiert, dass sie gelächelt hatte.

Nicht lange, aber lange genug, dass Bernd es ganz deutlich erkennen konnte.

Jetzt sah er Vera vor sich hergehen.

Sonst war niemand in der Nähe.
Bernd drehte die Räder seines Rollstuhls langsamer und blieb in einiger Entfernung hinter ihr.
Auf einmal wirbelte Vera ganz schnell herum.
Blitzschnell drehte sie sich um sich selbst.
Die Arme zur Seite gestreckt, im Drehen herangezogen und wieder gestreckt.
So wirbelte Vera auf den Fußspitzen herum.
Dreimal, viermal, fünfmal hintereinander, ohne Pause.
„Mensch", rief Bernd begeistert, „das war aber super!"
Vera hörte mitten im Schwung so mit der Drehung auf, dass sie fast gestolpert wäre.
Sie sah sich langsam um und schien verlegen zu sein.
„Das war doch nur eine einfache Pirouette", sagte sie schließlich; es klang wie eine Entschuldigung. „Ist doch kinderleicht."
Erst nach diesen Worten sah sie auf Bernds Rollstuhl.
Und da schien es, als würde sie jedes einzelne Wort bedauern.
Sie fasste sich an den Mund und wurde rot im Gesicht.
Bernd rollte langsam näher.

Auch er sagte nichts.
Vera wartete.
Als Bernd zu ihr herangerollt war, begann sie zu gehen.
Sie bewegten sich nebeneinander den Parkweg entlang.
Es dauerte eine Weile, ehe Bernd zu reden begann.
Sie stellten fest, dass sie beide ungefähr den gleichen Heimweg hatten.
Bernd fragte nach der Pirouette und Vera erzählte ihm, dass sie schon lange Balletttraining habe.
Sie sagte auch, dass sie jetzt bei Frau Birkenstock in der AG Tanz mitmache.
„Das ist eine Tanzgruppe mit lauter Mädchen", sagte sie, „wir machen da meistens Jazztanz."
Für einen Augenblick tat es Bernd weh, als er daran dachte, dass ihm einen Tag vor seinem ersten Tanz der Ralf im Schwimmbad ins Kreuz gesprungen war.
„Ich weiß Bescheid", sagte er plötzlich zu ihrer Überraschung.
„Wieso?", fragte sie, „ich hab dich doch dort noch nie gesehen."
Bernd wusste nicht genau, was er sagen sollte.

Ich kann ihr doch nicht erzählen, dass ich mich in den dunklen Umkleideraum geschlichen habe, nur um heimlich beim Tanzen zuzusehen, dachte er.

Warum antwortet er mir nicht auf meine Frage?, dachte Vera.

Bernd fühlte, dass seine Bemerkung nicht richtig gewesen war.

Er glaubte auf einmal, bei Vera so etwas wie Misstrauen zu spüren.

Sie ging jetzt so neben ihm her, als entferne sie sich mit jedem Schritt, obwohl sie doch an seiner Seite blieb.

Bernds Gedanken überschlugen sich.

Jetzt muss ich was sagen, dachte er, egal was!

„Ich wäre beinah auch zum Tanzen gekommen", sagte er schnell, „Frau Birkenstock hatte mich gefragt, ich hätte angefangen, aber dann ..."

Er sprach seinen Satz nicht zu Ende.

Als Vera immer noch schwieg, sagte Bernd, und man konnte es ihm anmerken, wie schwer es ihm fiel: „Dann kam der Unfall, genau einen Tag vor meinem ersten Tanz."

Dann sagte Bernd nichts mehr.

Und Vera wusste auch nicht, was sie jetzt hätte sagen sollen.

Auf einmal hatte Bernd das Gefühl, etwas versäumt zu haben.
Ein Tag nur fehlte ihm an einer ganz neuen Erfahrung.
Ein einziger Tag trennte ihn von einer Erinnerung, die vielleicht so schön gewesen wäre, dass er sie sein Leben lang behalten hätte.
Langsam und schweigend bewegten sich Vera und Bernd den Parkweg entlang.
Und als sie sich an der Hauptstraße trennten, reichte sie ihm die Hand.
Von diesem Tag an wartete Bernd nach Schulschluss am Tor zum Park auf Vera.
Oder sie auf ihn.
Dann machten sie sich gemeinsam auf den Heimweg.
Nachdem die anderen aus der Klasse das entdeckt hatten, ging natürlich sofort das Lästern los.
Sie seien ein Liebespaar und so.
Aber als Mesut dann einmal deutlich sagte, wer seinen Freund Bernd beleidigen würde, der wäre auch sein Feind, da hörte das Gequatsche allmählich auf.
Denn mit Mesut wollte sich keiner in der Klasse anlegen.

Bernd und Vera merken, dass sie sich mögen. Als sie den Parkweg entlanggehen, sprechen sie manche Gedanken, die ihnen durch den Kopf gehen, nicht aus. Entwirf ein mögliches Gespräch zwischen den beiden, in dem sie offen miteinander reden.
(Zusatzblatt)

Zum Nachdenken

6

Frank und Mesut helfen Bernd an der Treppe – und Micha ist das beste Blaulicht der Klasse.

Gleich zu Anfang der Stunde hatte Frau Frischborn gesagt: „Stellt euch vor, es brennt."
„Und keiner geht hin", hatte Micha darauf geantwortet.
Die Klasse gröhlte.
Nachdem sich alle beruhigt hatten, meinte Frau Frischborn: „Da soll ja auch keiner hingehen, eher schon das Gegenteil."
Sie war ganz ruhig geblieben.
„Wir sind hier im zweiten Stock", hatte sie dann gemeint, „im Falle eines Brandes müssen wir also alle über das Treppenhaus nach unten."
„Klar", sagte Micha, „alle – bis auf die Fallschirmspringer!"
Er hatte heute scheinbar seinen starken Tag.
Frau Frischborn ließ sich nicht beirren: „Dieser Weg über das Treppenhaus dürfte normalerweise kein Problem sein. Von dem Fallschirmspringer, dessen Schirm nicht aufgeht, wollen wir hier nicht reden."

Als Micha wieder etwas sagen wollte, stellte ihm Mesut seinen rechten Fuß ziemlich fest auf den linken.
Micha verzog sein Gesicht zu einem gequälten Grinsen, blieb aber stumm.
Mesut ließ seinen Fuß stehen.
„Bernd muss immer mit dem Lastenaufzug runter", sagte jetzt Frau Frischborn, „wenn es brennt, darf dieser Aufzug nicht benutzt werden."
Frau Frischborn sah schweigend auf die Schüler.
In der Klasse war es ganz still geworden.
„Aber der Aufzug muss doch fahren", rief Elke schließlich, „das geht doch nicht!"
„Es ist verboten, im Falle eines Brandes einen Aufzug zu benutzen", sagte Frau Frischborn, „wenn der mal stecken bleibt, was dann?"
„Ja aber ...", Frank wusste nicht weiter. Und Mesut nahm seinen Fuß von Michas Fuß herunter.
„Tragen", sagte da in die ratlose Stille der Klasse eine Mädchenstimme.
Alle schauten auf Vera.
Auch Frau Frischborn schien erstaunt zu sein.
„Ja", sagte die Lehrerin nach einer kleinen Pause, „das ist wirklich die einzige Lösung.

Prima, dass jemand in der Klasse so schnell darauf gekommen ist!"
Vera wurde ganz rot im Gesicht.
Dann erklärte Frau Frischborn ihnen das
Feueralarm-Spiel.

Micha wollte unbedingt die Alarmsirene sein. Nach einigen Probeläufen meinte Frau Frischborn, nun sei sie fest überzeugt, dass er eine hervorragende Sirene sei.
Und sie verbot ihm erst einmal das Probeheulen, damit er seine Stimme schone.
Als das Spiel allerdings richtig losging, da ließ Micha seine Feuersirene mit solcher Lautstärke ertönen, dass sich gleich zwei angrenzende Klassen beschwerten.
Nun hätten sie aber wirklich genug Sirenenalarm, hatte daraufhin Frau Frischborn gemeint und Micha zum Blaulicht erklärt.
Das machte er dann auch wieder ganz prima.

Stell dir vor, die Lehrerin möchte die Regeln für das Verhalten bei Feueralarm in der Klasse aushängen. Schreibe solche Regeln auf (Zusatzblatt) oder gestalte ein Plakat damit.

Zum Nachdenken

Er drehte den Kopf von einer Seite zur anderen und sagte dabei immer wieder: „Blaulicht-Blaulicht-Blaulicht!"
Die ganze Zeit über saß Bernd unbeweglich in seinem Rollstuhl.
Es war ihm vorgekommen, als sei er nur Zuschauer, nicht aber Beteiligter.
Dass er die Hauptperson war, wurde ihm erst so richtig klar, als ihn Mesut und Frank aus dem Rollstuhl heben wollten.
Zuerst wollte er sich wehren. Wirklich.
Lasst mich in Ruhe, wollte er rufen, lasst mich nur in Ruhe!
Dann aber dachte er daran, dass er Frau Frischborn gestern versprochen hatte, mitzumachen.
Nur sollte er es keinem in der Klasse sagen.
Bernd legte seine Arme Frank und Mesut um den Nacken.
Dann hoben sie ihn aus dem Rollstuhl.
Die beiden Freunde hielten ihre Arme unter Bernds Oberschenkeln verschränkt und gingen dann seitwärts durch die Tür auf den Flur.
Bernd spürte ihre Nähe, er spürte auch, dass ihre Arme ihn sicher trugen.
Er hatte seine Arme um ihre Nacken gelegt und fühlte sich gut aufgehoben.

Kapitel 6

Als sie den Flur entlanggingen, hörte Bernd
im Atmen seiner Freunde die Anstrengung des
Tragens.
Das brachte sie ihm noch näher.
„Ihr seid heute wirklich alle ganz super
gewesen", sagte Frau Frischborn nach Ende
der Übung, „selbst unser Blaulicht hat
geblinkt, als sei es frisch poliert!"
Doch bevor Micha auch nur eine Bewegung
oder einen einzigen Ton machen konnte,
fühlte er schon Mesuts Fuß auf dem seinen.
Es war zwar nur eine ganz leichte Berührung,
aber Micha hatte verstanden.
Er sah Mesut an und grinste.
Und Mesut grinste zurück.

7

Frau Birkenstock möchte beim Schulfest tanzen – und Veras Mutter macht Bernd einen überraschenden Vorschlag.

Eines Tages hatte Frau Birkenstock den Mädchen in der AG Tanz gesagt, dass sie dieses Jahr beim Schulfest mitmachen würden. Zuerst gab es ziemliche Aufregung.
Heike rief: „Mich kriegen keine zehn Pferde auf die Bühne!"
„Wir machen doch keine Reiterspiele, Heike", sagte da Frau Birkenstock lächelnd, „wir tanzen doch nur."
„Trotzdem", meinte Heike, „für so was sind wir noch längst nicht gut genug!"
„Sollen wir uns denn immer hier in der Gymnastikhalle verstecken?", fragte Frau Birkenstock.
„Mir langt das", meinte da auch Birgit, „wenn ich nur daran denke, dass da mein Bruder zuschaut! Nee, dann lieber dauernd in der Gymnastikhalle!"
Zum Schulfest waren immer ein paar hundert Leute gekommen. Eltern, Freunde und Verwandte – und alle Lehrer und Schüler.

Kapitel 7

Die Aula war jedes Mal voll gewesen.
„Ich kann keinen zum Mitmachen zwingen",
meinte Frau Birkenstock, „denn Tanzen sollte
immer Spaß machen. Wenn ihr aber solche
Angst habt, dann tanzen eben nur Vera und
ich, denn irgendwer muss sich ja trauen!"
Gleich als Vera neu in diese Schule
gekommen war, hatte Frau Birkenstock
gemerkt, wie trainiert sie war.
Und sie hatte es dann verstanden, Vera so in
der Tanzgruppe einzusetzen, dass die anderen
nicht neidisch wurden – und Vera sich auch
nicht langweilte.
Inzwischen wussten die Mädchen auch, dass
Vera bei ihrer Mutter klassisches Ballett und
modernen Tanz gelernt hatte und dass sie zu
Hause jeden Tag übte.
Da musste sie einfach viel besser sein, das war
allen klar.
Veras Mutter war Balletttänzerin.
Als ihr Theater in Sachsen geschlossen wurde,
kam sie mit ihrer Tochter in diese Stadt.
Sie hatte am Stadttheater ein Engagement
bekommen und war sehr froh darüber, nicht
arbeitslos zu sein.
„Ich mache mit, Frau Birkenstock", sagte Vera
jetzt ganz ruhig.

Und auf einmal meldeten sich noch ein paar
andere Mädchen.
Bald war es schon über die Hälfte der Gruppe.
„Das müsste eigentlich reichen", bemerkte
Frau Birkenstock, „schöner wäre es natürlich,
wenn alle mitmachen würden. Aber ich
möchte ja keinen zwingen."
„Besser, wir machen alle mit, als wenn man
meint, wir wären zu feige!", sagte nun Heike.
Auch Birgit meinte, dass sie das Lästern ihres
Bruders schon aushalten könne.
Und am Ende der Stunde hatten dann alle
Mädchen beschlossen, beim Schulfest
mitzumachen.
Nun übten sie für das große Fest.
Und Bernd musste jetzt öfter allein nach
Hause rollen.
Das machte ihn etwas traurig.

Nach einer Tanzstunde blieb Vera so lange in
der Gymnastikhalle, bis alle Mädchen
gegangen waren.
Frau Birkenstock merkte, dass sie mit ihr
allein sein wollte.
„Ich werde beim Schulfest mit Bernd tanzen!",
sagte Vera ohne lange Vorrede.
Sie sagte es in einem Tonfall, wie ihn Frau

Birkenstock von ihr bisher überhaupt nicht kannte.

Als die Lehrerin das Mädchen erstaunt ansah, sagte Vera zu ihr: „Ich habe mit meiner Mutter gesprochen. Wenn Sie nichts dagegen haben, dann möchte sie diesen Tanz mit mir und Bernd einstudieren."

„Das wird aber eine große Überraschung werden", meinte Frau Birkenstock nachdenklich.

„Weißt du was, wir werden es vorher überhaupt keinem erzählen!"

Vera war erleichtert.

Als Bernd am nächsten Tag aus dem Schultor rollte, stand neben Vera eine fremde Frau. Schon wollte er vorbeifahren, als sie ihn ansprach.

„Ich bin Veras Mutter", sagte sie.

Bernd fiel nichts anderes ein, als „Bernd" zu sagen.

„Ich weiß", sagte die Frau und lächelte ihn an. „Vera hat mir schon viel von dir erzählt."

Bernd wurde rot im Gesicht und sah verlegen auf seine Hände.

Dann bewegten sich die drei langsam den alten Parkweg entlang.

Und Veras Mutter erzählte Bernd, was sie sich
für das Schulfest ausgedacht hatten.
Bernd hörte schweigend zu.
Und je länger er zuhörte, desto größer wurde
5 seine Angst, dass er sich vor der ganzen
Schule lächerlich machen würde.
Als Vera ihn dann zum Abschied fast
ängstlich fragte: „Aber du machst doch mit?",
da zuckte er nur mit den Schultern.

Vera hat von ihrer Mutter klassisches Ballett und modernen Tanz gelernt, denn Veras Mutter ist

_____.

Informiere dich, was „klassisches Ballett" und „moderner Tanz" jeweils sind (Internet, Lexikon). Mache dir dazu Notizen (Zusatzblatt) und berichte in der Klasse über deine Ergebnisse.

Vera will beim Schulfest mit Bernd tanzen. Kannst du dir vorstellen, dass das klappen wird?

☐ Ja   ☐ Nein   ☐ Weiß ich nicht.   Begründe.

_____

_____

Zum Nachdenken

8

Eines Tages besucht Vera Bernd – und beide hören Musik von Edvard Grieg.

„Aber natürlich können Sie kommen", sagte
Bernds Mutter, „am besten gleich morgen!"
Als sie den Hörer aufgelegt hatte, meinte sie
zu Bernd: „Frau Konzelmann kommt morgen
Nachmittag zu uns. Ihr kennt euch ja schon,
wie ich eben hörte. Aber uns hast du noch nie
von ihr erzählt."
Es klang wie ein Vorwurf.
Bernd wurde rot und brummelte etwas vor sich
hin.
Dann wendete er seinen Rollstuhl und wollte
in sein Zimmer fahren.
„Du bist ja heute nicht besonders gesprächig",
stellte seine Mutter fest, „ist was nicht in
Ordnung?"
„Ich muss noch Mathe machen", gab Bernd
zur Antwort.
Dann rollte er in sein Zimmer.
Bevor er die Tür hinter sich zumachte, hörte er
seine Mutter sagen: „Was hat der Junge denn
bloß?"
Bernd drückte die Tür zu und dachte: Es reicht

mir doch schon, dass sie mich dauernd
anglotzen, weil ich im Rollstuhl sitze! Und auf
die Bühne in der Aula, da kriegt mich keiner!

Frau Konzelmann kam am nächsten Tag nicht
allein, sie brachte Vera mit.
Bernd war so überrascht, dass er vergaß, sie
zu begrüßen.
„Ich habe dir was mitgebracht", sagte Vera und
drückte Bernd ein Päckchen in die Hand.
„Danke", murmelte er und wurde rot.
„Ihr könnt euch ja in Bernds Zimmer weiter
unterhalten", meinte seine Mutter, „wir gehen
ins Wohnzimmer, Frau Konzelmann."
Dann ließen die beiden Frauen Vera und
Bernd allein.

Bernd hat Bedenken, beim Tanz für das Schulfest
mitzumachen. Was würdest du ihm raten?

☐ *Mach mit, ...*   ☐ *Mach nicht mit, ...*

denn _____

_____

_____

Zum Nachdenken

Bernd rollte voraus.
Als Vera in sein Zimmer kam, fielen ihr gleich
die Poster an den Wänden auf.
Alles Sportler. Leichtathleten, Fußballspieler,
Olympiateilnehmer.
„Ich wusste ja nicht, dass du kommst", sagte
Bernd und warf einen Pullover vom Stuhl auf
das Bett.
Vera setzte sich.
„Es sollte auch eine Überraschung werden",
sagte sie, „ist das schlimm?"
Bernd schüttelte den Kopf.
Dann machte er das Päckchen auf.
Er hielt eine Musik-CD in den Händen.
„Ich hoffe, sie gefällt dir", sagte Vera und
lächelte unsicher. „Ist meine Lieblingsmusik."
Bernd las: „Peer Gynt Suite Nr. 1, Opus 46"
und „Peer Gynt Suite Nr. 2, Opus 55. Von
Edvard Grieg."
„Kenn ich nicht", sagte er.

Hier sind Forschungsaufgaben für dich:
- Wer ist Edvard Grieg (Leben und Werk)?
- Wie ist der Name „Peer Gynt" zu erklären?
- Was bedeuten die Begriffe „Suite" und „Opus"?

Zum Nachdenken

Er hielt die CD ein wenig unschlüssig in den Händen.

„Sollen wir sie uns mal anhören?", fragte Vera.

Bernd schob die CD in den Rekorder.

Die Musik begann ganz anders, als er zu hören gewohnt war.

Es war eine Musik, die keinen festen und durchgängigen Rhythmus hatte.

Sie kam ihm fremd vor, er musste sich ziemlich an sie gewöhnen.

Wie am Meer, dachte Bernd irgendwann, wie am Meer – und machte die Augen zu.

Auf einmal lag ein heller Streifen weißen Sandes vor ihm.

Sehr weit und ganz hell, so sah er den Strand vor sich liegen.

Rechts von ihm zitterte ein grünblaues Meer.

Wellen liefen über den Sand, schäumten auf, kehrten ins Meer zurück.

Eine Möwe senkte sich dem Wasser entgegen. Kreisend.

Sie stieg wieder auf, flog einem hellen Sommerhimmel entgegen, in dessen klarer Bläue kleine weiße Wolken schwammen.

Als Vera bemerkt hatte, dass Bernd seine Augen geschlossen hatte, machte auch sie ihre zu.

Kapitel 8

Vielleicht kann einer von euch eine CD mit den Suiten Nr. 1 und 2 von Edvard Grieg besorgen und ihr könnt sie – wie Vera und Bernd – in der Klasse anhören.

Zum Nachdenken

Vielleicht ist es ihm unangenehm, dachte sie, wenn er die Augen aufmacht und sieht, dass ich ihn beobachte.
Vera hatte diese Musik schon oft gehört.
Doch obwohl sie sie kannte, entdeckte sie jedes Mal etwas Neues in ihr.
Sie spürte die feinen Schwingungen der Töne im ganzen Körper, sah neben den bekannten Bildern neue auftauchen.
Sie hörte, spürte und sah diese Musik bei geschlossenen Augen.
Als Bernd seine Augen öffnete, traf sein Blick Vera, die mit geschlossenen Augen dasaß und lächelte.
Und lächelnd bewegte sie ihre Hände zur Musik; es sah aus, als folgten die Hände den Tönen, als würde die Musik ihre Hände führen.
Es sah aus wie ein Tanz, der keine Berührung mit dem Boden brauchte.
Bernd sah fasziniert Veras Händen zu.
Ganz still saß er in seinem Rollstuhl, schaute zu und vergaß die Zeit.
Als Vera nach dem Ende der ersten Suite ihre Augen zu öffnen begann, machte Bernd seine schnell zu.
Es war, als hätte er Angst, das Mädchen durch

heimliches Beobachten zu verletzen – falls es davon erfahren würde.

„Kann man denn nach dieser Musik überhaupt tanzen?", fragte Bernd etwas später.

„Ja", Vera sagte das sehr sicher, „nach dieser Musik hat meine Mama schon getanzt, als wir noch in Sachsen waren."

„Bei Frau Birkenstock macht ihr aber doch nur Jazztanz", meinte Bernd.

„Nicht nur."

Vera war froh, dass er von selbst auf dieses Thema kam.

„Man kann zu jeder Musik tanzen."

„Ich nicht", sagte Bernd leise, „ich nicht!"

In diesem Augenblick kam sein Vater herein. Die Mütter hatten schon über eine Stunde im Wohnzimmer gesessen, als er von der Arbeit nach Hause kam.

Nun war er zu Vera und Bernd gekommen, um sie zu begrüßen.

Als er wieder gegangen war, redeten die beiden noch etwas über ihre Schule.

Sie sprachen über ihre Lehrer und die anderen aus der Klasse.

Auch über einzelne Fächer redeten sie.

Nur über Musik und Tanz sprachen beide kein einziges Wort.

Kapitel 8

Zwei Tage später wartete Frau Birkenstock
nach Schulschluss auf Bernd.
„Ich finde Veras Idee ganz prima", meinte sie.
„Welche Idee?", fragte er zögernd.
„Na, dass ihr beim Schulfest zusammen was
machen wollt."
Bernd schaute auf seine Hände.
„Wir machen beim Schulfest nichts
zusammen", sagte er und hob den Blick nicht
von den Händen.
Frau Birkenstock versuchte es anders.
„Wenn du Lust hast", meinte sie, „dann kannst
du zugucken, wie wir fürs Schulfest üben."
Bernd schaute nicht auf, sondern blickte
weiter starr auf seine Hände.
„Du kennst doch die meisten aus unserer AG
Tanz", sagte Frau Birkenstock, „sie haben
dich damals doch im Krankenhaus besucht."
Bernd hielt seinen Blick weiterhin gesenkt.
„Na, überleg es dir noch mal", meinte sie
dann, „wir würden uns jedenfalls freuen, wenn
du kommen würdest."
Dann ging Frau Birkenstock in die
Gymnastikhalle zurück, denn dort begann
gleich die Probe der AG Tanz.
Bernd fuhr zum hinteren Tor und lenkte den
Rollstuhl zum Park.

Kapitel 8

Nachdenklich bewegte er seinen Rollstuhl den Parkweg entlang.

Als er an die Stelle kam, an der er Vera zum ersten Mal tanzen gesehen hatte, hielt er an.

Unbeweglich saß er da, mit geschlossenen Augen.

Er sah sie wieder vor sich stehen.

Schon wirbelte sie über den Weg.

Die Arme zur Seite gestreckt, im Drehen herangezogen und wieder ausgestreckt, so wirbelte Vera herum.

Vier, fünf, sechs, sieben Pirouetten hintereinander.

Wieder und immer wieder.

Am nächsten Tag rollte Bernd in der großen Pause zu Frau Birkenstock.

Sie stand mit zwei Lehrern auf dem Flur.

„Kann ich Sie mal sprechen?"

Sie nickte.

Die beiden anderen Lehrer hörten auf zu erzählen und sahen auf Bernd.

„Kann ich Sie allein sprechen?"

„Ihr entschuldigt uns", sagte Frau Birkenstock zu ihren Kollegen und ging neben Bernd ein Stück den Gang entlang.

Als sie dann allein waren, meinte Bernd leise:

„Ich möchte beim Schulfest mitmachen."
Frau Birkenstock sah ihn überrascht an.
„Super!", sagte sie ziemlich laut.
Doch gleich darauf legte sie den Zeigefinger
auf ihre Lippen.
„Pst!", flüsterte sie, „nicht weitersagen! Wir machen daraus eine große Überraschung!"

Damit es eine Überraschung blieb, schlug Veras Mutter vor, dass sie im Stadttheater proben sollten.
Sie wollte Bernd am Samstag zu Hause abholen.
Den ganzen Vormittag über war Bernd sehr nervös gewesen.
Das steigerte sich, je näher der Zeitpunkt kam, an dem sie ihn abholen wollten.
Warum musste ich Blödmann auch zu Frau Birkenstock fahren und ihr sagen, dass ich mitmache, dachte er und ärgerte sich.
Und da begann er zu überlegen, wie er es anstellen könnte, damit er nicht mitzumachen brauchte.
Am besten wäre es natürlich, schon beim allerersten Mal verhindert zu sein, dachte er.
Eine plötzliche Krankheit, das wäre natürlich die beste Entschuldigung!

Schon fing er an, sich Krankheiten auszusuchen.
Grippe geht nicht, dachte er, zu dieser Jahreszeit nimmt mir das keiner ab. Und bei Magenschmerzen setzt mich Mama mindestens drei volle Tage auf Diät! Also was?
Vielleicht könnte ich Zahnschmerzen bekommen, dachte er, ja, Zahnschmerzen sind gut, natürlich keine echten.
Vielleicht solche wie bei Frank?
Er konnte sich noch an Franks fürchterliche Zahnschmerzen erinnern, damals, als sie diesen Ausflug zum Zoo machen wollten, der nach Franks Meinung völlig überflüssig war.
„Den machen wir doch garantiert nur, damit uns die Oma Ömmes hinterher einen Aufsatz aufbrummen kann", hatte Frank gesagt. „Wahrscheinlich wieder so ein abartiges Thema. Zum Beispiel ,Mensch und Menschenaffe im Dienste der Revolution'."
„Das heißt Evolution", sagte Mesut, „Revolution ist falsch!"
„Ist ja auch egal", hatte Frank gesagt, „auf jeden Fall alles ohne mich!"
Oma Ömmes hieß eigentlich Frau Molligmann-Schneider, aber bei den Schülern war sie eben die Oma Ömmes.

Und das schon wer weiß wie lange.
Sie unterrichtete hier an der Schule Englisch
und Biologie.
Es war kurz vor der Abfahrt zum Zoo, als
Frank das große Zahnreißen bekam.
Er hielt sich die linke Gesichtshälfte, drehte
und wand sich so lange, bis Oma Ömmes
aufmerksam wurde.
„Was hast du, mein Junge?", fragte sie besorgt.
Frank drückte beide Hände an die linke
Gesichtshälfte und stöhnte zum Erbarmen.
„Er hat ganz schlimme Zahnschmerzen, Frau
Molligmann-Schneider", sagte Mesut und tat
auch besorgt.
Oma Ömmes schaute von Frank auf Mesut und
dann wieder auf Frank.
„Mach den Mund auf!", sagte sie plötzlich.
Das war ein klarer Befehl.
Frank zog stöhnend seine Lippen einen Spalt
weit auseinander.
„Weiter!"
Ihre Stimme war jetzt sehr scharf.
Frank versuchte mühsam, die Zähne
auseinanderzubringen.
„Noch weiter!"
Oma Ömmes hatte sich jetzt dicht vor ihm
aufgebaut und sah ihn entschlossen an.

Kapitel 8

Frank zog mit einer fürchterlichen Grimasse
die Zahnreihen noch weiter auseinander.
Oma Ömmes beugte sich hinab und schaute
ihm in den Rachen.
„Hau ab", sagte sie dann, „marsch zum
Zahnarzt, wird ja allerhöchste Zeit!"
Frank vergaß fast zu stöhnen, als er sich
schnell aus dem Staub machte.
Natürlich hatte er die Oma Ömmes
hereingelegt, trotz ihrer Kontrolle.
Er hatte sich aus schwarz gemachtem
Kaugummi zwei Zähne gebastelt, die ganz
schön kaputt aussahen.
Na, wenigstens für Oma Ömmes ohne
Lesebrille.

Gerade als sich Bernd für Zahnschmerzen
entschieden hatte, klingelte es. Er fand keine
Zeit mehr, diese plötzliche Erkrankung in die
Tat umzusetzen, denn seine Mutter hatte
schon Frau Konzelmann und Vera eingelassen.
Bernd war so überrascht, dass er zu stöhnen
vergaß. Als es ihm wieder einfiel, waren sie
bereits auf dem Weg zum Theater.
Am Schauspielhaus war es dann viel zu spät,
um noch richtig krank werden zu können.

9

Beim Schulfest ist die Aula so voll wie noch nie – und Herr Welfenberg leuchtet für Vera und Bernd die Bühne aus.

„Alles klar Bernd?", fragte Vera.
„Ich hab Schiss", sagte Bernd.
„Lampenfieber habe selbst ich noch vor jedem Auftritt", meinte Veras Mutter, „so was ist doch ganz normal!"
„Wir haben so viel geübt, da kann doch überhaupt nichts schiefgehen!"
Vera sagte das sehr überzeugt.
„Wirklich, Bernd, du kannst ganz beruhigt sein", bekräftigte ihre Mutter, „ihr beide seid gut!"
„Trotzdem hab ich Schiss!"
„Mensch, Bernd, du kannst doch alles wie im Schlaf! Herr Welfenberg meinte, ihr seid perfekt!"
„Der hat gut reden", meinte Bernd, „wenn es ernst wird, ist der doch immer irgendwo hinter der Bühne im Dunkeln!"
„Aber er ist verantwortlich für das richtige Licht", sagte Veras Mutter, „ohne ihn wäre es bei uns im Theater sehr finster!"

Sie hatten Herrn Welfenberg bei den Proben im Stadttheater kennengelernt.
Er war dort Beleuchter und er fand ihre Idee so gut, dass er ihnen bei ihrem Tanz mit seinem Scheinwerferlicht helfen wollte.
Schon am Samstagmittag hatte er in der Aula ein paar zusätzliche Scheinwerfer aufgebaut, die er extra für sie bedienen wollte.
„Ich sag ja auch nichts gegen Herrn Welfenberg", sagte Bernd und sah Veras Mutter jetzt direkt in die Augen. „Er ist wirklich prima! Nur unten im Saal sind ein paar hundert Leute und ich sitze im Rolli und muss damit gleich auf die Bühne!"

Inzwischen hatte sich die Aula mit Schülern, Eltern und Lehrern gefüllt, sicher ein paar hundert Zuschauer.
Zu Anfang hielt Frau Keunig eine kurze, aber schwungvolle Begrüßungsrede.
Frau Keunig war Direktorin und redete sonst viel länger.
Dass sie es heute nicht tat, fanden alle prima und klatschten.
Dann kam der Schulchor auf die Bühne.
Diesen Chor leitete Herr Binder, genannt „Die eiserne Lerche".

Sein Chor war ziemlich beliebt.
Vor Kurzem war sogar der Rundfunk in der Schule, um Aufnahmen zu machen.
Die Schüler sangen deutsche, französische, türkische, spanische, englische, italienische und russische Lieder.
Es gab viel Beifall und Herr Binder ließ als Zugabe sogar noch ein finnisches Lied singen.
Als dann Frau Birkenstocks Tanzgruppe auf die Bühne kam, legten die Mädchen sofort los.
Man merkte es ihnen an, dass sie viel geübt hatten, selbst wenn hin und wieder nicht alles so genau nach Plan ablief.
„Menschen sind keine Computer", hatte Frau Birkenstock einmal bei den Proben gesagt, „und Schüler schon gar nicht! Mitmachen ist wichtiger, als Sieger zu werden!"
Die Zuschauer fingen an, im Rhythmus mitzuklatschen.
Da kamen die Mädchen richtig in Schwung.
Und als dann Vera ihren Soloauftritt hatte, erhielt sie besonderen Beifall.
Nun zeigten Mädchen und Jungen aus Sportlehrer Maigrüns Leistungskurs, was sie im Trampolinspringen gelernt hatten.
Es waren Schülerinnen und Schüler aus den oberen Klassen.

Sie sprangen alle schon ziemlich gut.
Nach dem Trampolinspringen ging Frau
Birkenstock auf die Bühne.
Sie sagte, dass es nun eine große
5 Überraschung geben würde.
Dann wurde es dunkel auf der Bühne.
Und in der Dunkelheit begann leise Musik.
Es war die „Peer Gynt Suite Nr. 2" von
Edvard Grieg.
10 Ein Scheinwerfer leuchtete auf.
Sein Licht zeichnete einen hellen Kreis auf
den Boden der leeren Bühne.
Der Scheinwerferkreis begann sich zu
bewegen und wanderte zur Musik kreuz und
15 quer über die leere Bühne.
Der Lichtschein hielt an – und mitten im
Scheinwerferkreis war ein Rollstuhl zu sehen.
Ein Rollstuhl, in dem ein Junge saß.
Die Kinder und Erwachsenen unten im Saal
20 waren so überrascht, dass sie mit einem
Schlage still wurden.
Es war so still, als hätten die vielen Menschen
für einen Augenblick das Atmen vergessen.
Doch schon begann Bernd, seine ersten
25 Kurven und Drehungen zu fahren.
Er bewegte den Rollstuhl genau nach der
Musik, rollte sich in die Klänge der Musik

hinein, in immer schnelleren Drehungen, Wendungen und Bögen.
Er bewegte seinen Rollstuhl so mit der Musik, dass die Zuschauer schon während seines
Bewegens zu klatschen begannen.
Plötzlich änderte sich das Licht.
Ein zweiter Scheinwerfer flammte auf.
In seinem bläulichen Schein stand ein Mädchen.
Es stand auf der anderen Seite der Bühne, Bernd genau gegenüber.
Die Musik hatte sich geändert, der zweite Teil der Suite, „Arabischer Tanz" genannt, setzte mit starken Rhythmen ein.
Vera begann ihren Tanz mit einem hohen Sprung.
Dann wirbelte sie, beleuchtet von kristallblauem Scheinwerferlicht, in komplizierten Schritten, in Sprüngen und Pirouetten über die Bühne.
Obwohl sie alles geprobt hatten und er ihre Figuren zu kennen glaubte, war Bernd so gefangen von Veras Tanz, dass er beinahe seinen Einsatz vergessen hätte.
Vera hatte aufgepasst.
Genau in dem Augenblick, als der dritte Teil, „Peer Gynts Heimkehr", begann, gab sie

Bernds Rollstuhl einen leichten Stoß.
Schon rollte er über die Bühne und Vera
umkreiste ihn mit Schritten und Schwüngen.
Jetzt wurde das Licht ganz hell.
5 Und in diesem hellen Licht tanzten Bernd und
Vera gemeinsam.
Sie drehten sich und schwangen im
gemeinsamen Rhythmus über die Bühne.
Er im Rollstuhl und sie auf ihren Füßen.
10 Jeder auf seine eigene Weise und doch beide
miteinander.

Bernd hatte alle Leute im Saal vergessen.
Er sah nur noch Vera.
Sah nur noch, wie sie sich um ihn und mit ihm
15 bewegte.
Und als dann die Musik zu Ende war, da
schien es ihm, als erwachte er aus einem
wirbelnden Traum.
Der Beifall nach ihrem Tanz war sehr stark,
20 vielleicht so stark, wie er in dieser Aula noch
nie zu hören gewesen war.
Vera und Bernd waren zum Bühnenrand
gekommen.
Und alle im Saal konnten sehen, wie sie sich
25 fest an den Händen hielten.

10

*Mesut und Frank sind jetzt Königsdelfine –
und Bernd und Vera wollen sich wiedersehen.*

Sie lagen zu dritt auf der Decke und dösten.
„Eigentlich müssten sie einen ja fragen", sagte
auf einmal Frank.
„Was?", fragte Bernd.
„Mich hat zum Beispiel keiner gefragt".
Franks Stimme klang etwas nachdenklich.
„Überhaupt keiner."
„Was zum Teufel hat dich keiner gefragt?",
fragte Mesut.
Frank tat, als hätte er die Frage nicht gehört.
„Da wird man also geboren, wird größer und
älter, fängt an, so richtig nachzudenken. Und
eines Tages behaupten die Erwachsenen, man
würde Egon-Werner heißen."
„Seit wann heißt du Egon-Werner?", fragte
Bernd.
Frank ging wieder nicht darauf ein.
„Da kann man doch richtig froh sein, dass
nicht jemand auf die Idee gekommen ist, als
man noch wehrlos in den Windeln lag, uns
Karlernstemanuelfriedrichwilhelmheinrich
oder so ähnlich zu nennen."

„Wie?", fragte Bernd.

„Karlernstemanuelfriedrichwilhelmheinrich", sagte Frank.

„Gibt's doch gar nicht", sagte Mesut.

„Gibt's doch! Ein Opa von mir heißt Karl, der andere Heinrich."

„Und die dazwischen?"

„Ich hab keinen Opa dazwischen."

„Quatsch Opas! Ich mein doch die Namen zwischen Karl und Heinrich."

„Ach die! Die hab ich doch bloß gesagt, damit es schwerer ist."

„Willst du uns verarschen?", fragte Mesut.

„Nicht unbedingt", meinte Frank und gähnte träge.

Die Jungen lagen mit geschlossenen Augen auf der Decke und ließen sich von der Sonne bescheinen.

Es mochten vielleicht zwei oder drei Minuten vergangen sein, als Frank wieder anfing.

„Zorro", sagte er, „der Kämpfer mit der schwarzen Maske für Freundschaft und Gerechtigkeit. Oder Robin Hood, der Rächer der Entlaubten – Tarzan, Herrscher des Dschungels, vielleicht auch Herr der sieben Meere. Ja, das sind noch Namen!

Aber anstatt uns solche Namen zu geben,

haben uns die Erwachsenen reihenweise Lars, Carsten, Frank, Bernd und Mesut genannt."

„Was ist los?", fragte Mesut ein wenig schlaftrunken.

5 „Frank macht sich gerade ein dickes Problem", meinte Bernd und schloss wieder die Augen.

„Ach so", Mesut gähnte. „Ach so."

„Keiner versteht mich", sagte jetzt Frank.

Und er wälzte sich auf die andere Seite.

10 Sie waren gleich nach der Schule hierhergekommen.

Bernd im Rollstuhl und die anderen mit ihren Fahrrädern.

Die drei Freunde reden im Schwimmbad über Namen. Aus wie vielen Vornamen kombiniert Frank seinen Fantasienamen? _____

Hast *du* dir auch schon mal einen anderen Vornamen gewünscht? Und wenn ja, welchen?

_____

Welche Spitznamen haben Herr Binder und Frau Molligmann-Schneider?

_____

Zum Nachdenken

Wenn sie den Weg durch den Park nahmen, konnten sie gut zusammenbleiben.

Die beiden traten langsamer als sonst in die Pedale und Bernd drehte seine Räder etwas schneller.

Als Bernd, Frank und Mesut heute ins Stadionbad kamen, es war ihr erster Schwimmbadbesuch nach den großen Ferien, da waren sie gleich ins Wasser gegangen.

Bernd konnte inzwischen schon wieder einigermaßen gut schwimmen.

Er zog sich zwar nur mit den Armen durchs Wasser, aber das ging ganz gut, weil sie vom Üben schon ziemlich kräftig geworden waren.

Mesut und Frank standen auf.

Sie reckten und streckten sich.

„Kommste mit?", fragte Mesut.

„Ich bin übertrainiert", meinte Bernd, „ich muss mich etwas schonen."

„Angeber", sagte Frank.

„Macht ihr wieder das Walfisch-Spiel?", fragte Bernd.

„Welches Walfisch-Spiel?", Frank tat völlig verständnislos, „wir beide sind doch Königsdelfine!"

„Tatsächlich? Ich hätte euch glatt für Pinguine gehalten!"

„Selber einer", meinte Mesut.
Bernd drehte sich vom Bauch auf den Rücken. Er sah die beiden an.
„Und wenn ihr durch das Sprungbecken taucht, ihr Königspinguine, dann taucht gefälligst nicht zu dicht am Zehnmeterturm vorbei."
Für einen Augenblick sahen ihn die beiden sehr erstaunt an.
Frank erholte sich als Erster.
„Ay, ay, Sir", sagte er schnell und salutierte.
„Wegtreten", meinte Bernd und schnippste mit Daumen und Zeigefinger.
Die beiden Jungen machten gemeinsam kehrt und liefen zum Wasser.

Bernd schloss die Augen.
Was Vera jetzt wohl macht?, dachte er.
„Könnte ich dich mal allein sprechen", hatte sie ihn damals in der großen Pause gefragt.
Frank wollte eine Bemerkung machen, doch Mesut hatte ihn am Handgelenk gefasst und mit sich fortgezogen.
„Mutters Engagement wird nicht verlängert."
Vera stieß ihre Worte sehr hastig hervor.
„Der neue Intendant am Theater bringt seine eigenen Tänzer mit."

„Darf er das denn?"
„Ein Intendant darf fast alles, hat Mama gesagt. Sie hat auch geweint, als sie gestern nach Hause kam."
5 Vera sah zu Boden.
„Kann sie denn nicht was anderes machen?", fragte Bernd.
„Mama hat nur Tanzen gelernt", sagte Vera.
„Aber sie macht es doch gern", meinte Bernd.
10 Vera hatte traurig genickt: „Sogar im Urlaub hat sie jeden Tag trainiert, stundenlang. Mamas Beruf ist sehr anstrengend."
„Das hab ich bei unseren Proben erlebt", sagte Bernd.
15 Veras Stimme wurde auf einmal heftiger: „Ich will nicht jedes Jahr die Schule wechseln! Ich will mir nicht immer wieder neue Freunde suchen müssen! Ich will nur ganz einfach so sein wie andere auch!"
20 Vera schien ziemlich verzweifelt zu sein. Und obwohl sie ihm sehr leid tat, war Bernd froh, dass die Pause zu Ende war, weil er nicht wusste, wie er ihr helfen sollte.

Hast du einen Tipp für Bernd, wie er Vera helfen kann? Notiere deine Idee auf einem Zusatzblatt.

Zum Nachdenken

Kapitel 10

Es dauerte einige Zeit, bis Frau Konzelmann
ein neues Engagement bekommen hatte.
„Wir haben in Dresden eine Wohnung
gefunden", hatte sie gesagt, als sie mit Vera
zum Abschied noch einmal zu Bernd nach
Hause kamen, „eine Freundin ist umgezogen,
da wurde sie frei. Mein Engagement in
Dresden dauert zwar nur ein Jahr, aber das ist
allemal besser, als gar nichts!"
„Es freut uns sehr, dass es geklappt hat", hatte
Bernds Mutter gesagt.
„Wenn Sie mal in Dresden sind, sind sie
herzlich willkommen!"
„Es ist ja jetzt nicht mehr so weit wie früher",
hatte Bernds Vater daraufhin gemeint, „früher
war es einfacher, mit dem Auto nach Spanien
zu fahren als in die DDR."
„Bis demnächst in Dresden", hatte Vera zum
Abschied gesagt.
Und als Bernd nickte, hatte sie gelächelt.

Was meint Bernds Vater, wenn er sagt, dass es
früher einfacher war, mit dem Auto nach Spanien
zu fahren als in die DDR? Recherchiere und halte
die Ergebnisse auf einem Zusatzblatt fest.

Zum Nachdenken

Kapitel 10

Bernd schreckte auf, als er den Wasserguss
spürte, doch Frank blieb keine Zeit, um zur
Seite zu springen.
Schon traf ihn sein eigener Turnschuh am
linken Knie.
Frank hustete und rieb sich die schmerzende
Stelle.

Er hatte vor Schreck über Bernds schnellen Wurf den Rest des Wassers in die Luftröhre bekommen.

„Eins zu Null für Bernd!", rief Mesut und lachte.

„Doppelt genäht hält besser!"

Bernd balancierte bereits Franks zweiten Turnschuh in seiner rechten Hand.

Frank lief schnell ein paar Schritte zurück.

Beim Rückwärtslaufen stieß er gegen den großen, viereckigen Papierkorb.

Er schrie auf und hielt sich das Gesäß.

Bernd ließ Franks Turnschuh fallen.

„Mensch, Königsdelfin", sagte er dabei, „im Wasser bist du bedeutend besser!"

Frank kam vorsichtig näher.

Er hielt sich noch immer das Gesäß.

„Frieden", sagte er, „ich will Frieden, so wahr ich Frank Burdenski heiße!"

„Ich dachte, du heißt neuerdings Karlernstemanuelfriedrichwilhelmheinrich oder so", bemerkte Mesut.

„Das waren doch seine Opas", sagte Bernd grinsend, „wenigstens die beiden äußeren."

Die Geschichte von Bernd und Vera sowie von den drei Freunden Bernd, Frank und Mesut ist hier zu Ende. Wie aber wird es weitergehen?
Werden Bernd und Vera sich wiedersehen?
Und wenn ja: Wo und wie wird dieses Wiedersehen stattfinden?
Bleiben Bernd, Frank und Mesut Freunde?
Wird Bernd sich mit seiner Lähmung weiter abfinden und Freude am Leben behalten?
Schreibe zu der Geschichte ein elftes Kapitel.

••••••

Stell dir vor, du hast als Mitschülerin oder Mitschüler das Schulfest und den Tanz von Vera und Bernd miterlebt. Schreibe dazu einen Tagebucheintrag oder einen Bericht für die Schülerzeitung.

••••••

Schreibe auf, wie dir das Buch gefallen hat und welche Buchfigur dich am meisten beeindruckt hat. Begründe deine Meinung.

••••••

Löse das Rätsel zum Buch auf Seite 118–119.

••••••

Lies im Anhang des Buches den Text „Behalt das Leben lieb" von Jaap ter Haar (Seite 124) und bearbeite die zugehörigen Aufgaben.

Zum Weiterarbeiten

Kleines Rätsel zum Buch

1. Beim Sprung über dieses Gerät knickt Sportlehrer Maigrün um.
2. Micha legt daraufhin eine gekonnte ...?... hin.
3. Bernd meint, ein Indianer kennt keinen ...?... .
4. Bernds Freunde heißen ...?...
5. und ...?... .
6. Ihnen kam Bernd beim Tauchen zu nahe.
7. Sie unterrichtet Sport und Musik.
8. Hier ist Bernd zur Rehabilitation.
9. Auf dieses Gerät ist Bern jetzt angewiesen.
10. Hier begegnet Bernd dem Mädchen zum ersten Mal allein.
11. So heißt das Mädchen.
12. Und dies ist sein Hobby, bei dem es von der Mutter unterrichtet wird.
13. Wenn das Mädchen sich dabei mehrfach im Kreis dreht, nennt man das ... ? ... .
14. Hierbei haben Bernd und das Mädchen großen Erfolg auf dem Schulfest.

Kleines Rätsel zum Buch

SPRUNG INS KREUZ

Anhang

Querschnittlähmung

Unter einer Querschnittlähmung versteht man die Folgen einer Durchtrennung oder Schädigung des Rückenmarkquerschnitts. Das Rückenmark beginnt oberhalb des ersten Halswirbels und endet über dem zweiten Lendenwirbel. Es liegt gut geschützt in der Wirbelsäule und leitet die im Gehirn entstehenden Impulse für eine Bewegung an die entsprechenden Muskeln weiter. Außerdem übermittelt es an das Gehirn Signale von Berührungen und Informationen über die Position von Gliedmaßen wie Armen und Beinen. Auch die Kontrolle über die Funktion der inneren Organe erfolgt über Nervenstränge im Rückenmark. Da bei einer Durchtrennung des Rückenmarks die Verbindung zum Gehirn unterbrochen ist, führt dies zu Ausfällen bei Bewegungen und den Organfunktionen. Sind die Beine gelähmt, spricht man von einer Paraplegie; wenn Arme und Beine von der Querschnittlähmung betroffen sind, spricht man von einer Tetraplegie. Prinzipiell können alle Krankheiten, die das Rückenmark zerstören, zu einer Querschnittlähmung führen. Die häufigste Ursache sind Verletzungen der Wirbelsäule. Fast die Hälfte aller Querschnittlähmungen geht auf Autounfälle zurück. Fahrrad- und Motorradunfälle und Stürze aus größeren Höhen sind ebenfalls häufig. In Deutschland werden jedes Jahr rund 1.500 Menschen mit einer Querschnittlähmung behandelt.

Langfristige Krankheitserscheinungen hängen davon ab, an welcher Stelle das Rückenmark durchtrennt wurde. Bei Verletzungen der Lendenwirbelsäule sind z. B. die Beine gelähmt. Ist das Brustmark betroffen, sind die Arme gelähmt. Im Bereich der Lähmungen fallen auch alle Sinnesempfindungen aus. Betroffene spüren weder Schmerz noch Berührungen oder Temperaturen und können auch die Lage ihrer Gliedmaßen nicht mehr wahrnehmen. Fast alle Patienten leiden zudem unter einer gestörten Funktion von Blase und Darm (Inkontinenz).

Für die Betroffenen bedeutet Querschnittlähmung, dass sie für den Rest des Lebens an den Rollstuhl gefesselt und immer auf fremde Hilfe angewiesen sind. Doch Unabhängigkeit und Leistungsfähigkeit lassen sich oft trainieren. Das Ziel von Rehabilitationsmaßnahmen (Reha) ist deshalb das Erreichen der größtmöglichen Selbstständigkeit.

JAAP TER HAAR
Behalt das Leben lieb

Durch einen Unfall verliert der 13-jährige Junge Beer sein Augenlicht. Im Krankenhaus wird ihm
5 *zum ersten Mal bewusst, dass er jetzt blind ist.*

Beer schreckte aus dem Schlaf. Er richtete sich auf, um sich umzusehen. Er wollte sich vergewissern, dass es nur ein Traum war. Erst als er aufrecht im Bett saß, wurde ihm bewusst,
10 dass er gar nichts sehen konnte. Um ihn herum blieb alles dunkel.
Blind! Er sank aufs Kissen zurück und dachte an alles, was unwiederbringlich verloren war. Keinen Sport mehr. Nicht mehr aufs Rad sprin-
15 gen, um schnell einmal einen Freund zu besuchen. Keine Chance mehr, Arzt zu werden, wie er es immer gewollt hatte.
Niedergeschlagener als je zuvor wartete er auf die Geräusche des neuen Tages.
20 Schritte. Die Tür ging auf. War es Schwester Wil, die jetzt leise die Vorhänge aufzog?
„Schwester Wil?" Er hörte die Angst und Verzweiflung in seiner Stimme.
„Guten Morgen, Beer. Was ist denn?"
25 Während sie zu ihm ging, richtete Beer sich

auf und rief ratlos: „Schwester Wil, mein Leben, mein ganzes Leben ist verpfuscht!"
„Aber Beer ..." Schwester Wil legte ihren Arm um seine Schulter. Ihre Stimme klang ruhig
5 wie immer, als ob ein verpfuschtes Leben die normalste Sache der Welt wäre: „Aber Beer, das sagt doch jeder irgendwann mal. Ich hab' selber schon solche Sachen rausgehauen. Aber es stimmt natürlich nie. Jeder von uns steht
10 immer wieder vor einem neuen Anfang!"
„Ja. Sie haben gut reden. Sie haben noch ihre Augen. Sie können noch sehen!"
Einen Augenblick lang blieb es still. Angespannt still. Dann nahm Schwester Wil Beers
15 Hand und hob sie langsam hoch: „Geh mal mit deinen Fingern vorsichtig über meine Wange. Spürst du die ledrigen Narben vom Auge bis zum Kinn?"
„Ja", flüsterte Beer entsetzt.
20 „Ich hab' mir die rechte Hälfte meines Gesichtes verbrannt, als ich fünfzehn war. Ich hatte mich damals gerade in einen Jungen verliebt, der mich seitdem nie mehr angesehen hat. Weißt du, ich sehe sehr unappetitlich aus.
25 Die meisten Patienten erschrecken, wenn sie mich zum ersten Mal sehen."
„O Schwester ..."

Gestammel, denn Beer wusste nicht, was er jetzt noch sagen sollte. Schwester Wil lachte seine Beschämung und Unbeholfenheit mit einem kurzen, hellen Lachen fort.

5 „Nimm's dir nicht zu Herzen, Beer. Ein so großes Drama ist meine braune Narbenwange auch wieder nicht. Es ist bloß ein *kleines* Drama, wie es unter den Menschen Millionen gibt. Sorg dafür, Beer, dass deine Blindheit
10 ein *kleines* Drama bleibt, sonst hast du kein Leben."

Arbeitsanregungen

- Beer denkt, dass sein ganzes Leben nun verpfuscht ist. Belege mit Stellen aus dem Text, was er damit meint.
- Schwester Wil sagt über ihre Verletzungen: „Es ist bloß ein *kleines* Drama, wie es unter den Menschen Millionen gibt." Was meinst du: Ist dies für Beer ein tröstlicher Gedanke? Begründe deine Meinung.
- Schreibe einen Brief an den querschnittgelähmten Bernd, in dem du ihm Mut für sein späteres Leben machst. Beziehe dich dabei auch auf das Schicksal von Beer und auf die Überschrift des Textes von Jaap ter Haar.

Aufgabenlösungen

S. 11: Bernds Freunde heißen *Frank* und *Mesut*. Herr *Maigrün* unterrichtet die Fächer *Sport* und *Mathe*. Frau *Birkenstock* unterrichtet *Sport* und *Musik*.
Eine Pantomime ist eine Darstellung ohne Worte, nur mit Gestik, Mimik, Bewegungen.
S. 19: Vom *Schulhof* biegt er zuerst in den *Parkweg* ein, fährt an der *Gymnastikhalle* vorbei, dann durch den *Park* und über die *breite Straße* auf den *Radweg* zum Stadion. Schließlich kommt er auf dem *Parkplatz* vor dem Schwimmbad an.
S. 24: *Bernd* taucht besser als *Frank*, aber *Mesut* ist der beste Taucher.
S. 35: Mesut *saß* vor dem Bett.
S. 39: Visite: regelmäßiger Besuch des Arztes bei den Kranken im Krankenhaus. Bei der großen Visite kommt er zusammen mit anderen Ärzten.
S. 54: „Rehabilitation" (Reha): *Wiederherstellen*. Gemeint ist die Wiederherstellung der geistigen und körperlichen Leistungsfähigkeit und die Wiedereingliederung in das berufliche und gesellschaftliche Leben.
S. 61: *Frank* übt *Mathe* mit ihm. *Mesut* übt *Englisch* mit ihm.

S. 64: Nie mehr *um die Wette laufen/vom Sprungbrett springen/den Salto über den Kasten springen/Torwart sein.*

S. 87: Veras Mutter ist *Balletttänzerin.*

S. 110: Aus *sechs* Vornamen. Herr Binder wird *Die eiserne Lerche* genannt und Frau Molligmann-Schneider *Oma Ömmes.*

S. 119: 1. KASTEN, 2. HUMPELPANTOMIME, 3. SCHMERZ, 4. MESUT, 5. FRANK, 6. SPRUNGTÜRME, 7. BIRKENSTOCK, 8. KLINIK, 9. ROLLSTUHL, 10. PARKWEG, 11. VERA, 12. BALLETT, 13. PIROUETTE, 14. TANZEN

S. 126: Dies alles ist unwiderbringlich verloren: „Keinen Sport mehr. Nicht mehr aufs Rad springen, um schnell einmal einen Freund zu besuchen. Keine Chance mehr, Arzt zu werden, wie er es immer gewollt hatte."

Textquellen

Seite 122: Querschnittlähmung. Originalbeitrag nach www.tk-online.de (19.12.2007).

Seite 124: Jaap ter Haar: Behalt das Leben lieb. München: Deutscher Taschenbuch Verlag 1997. S. 25–27.